contents

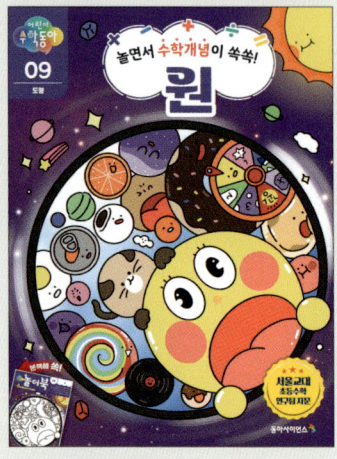

표지이야기

빼꼼~. 동그란 원이 동그란 맨홀 구멍 사이로 세상을 엿보고 있어요. 원이 있는 세상은 캔 뚜껑도 둥글~, 도넛도 둥글~, 온통 둥글어요. 그런데 맨홀 바깥은 더 어마어마한 둥근 세상?! 하지만 둥글다고 다 '원'은 아니랍니다! 궁금하다면 10쪽으로!

10  "난 좀 달라!" 내 이름은 '원'

44  마법에 걸린 원 마법사?!

숫자로 보는 뉴스

06 농게 눈 닮았네! 360° 찍는 카메라

수학 개념 완전정복!

04 수학 교과 단원맵

08 어수티콘
구

18 수콤달콤 연구소
상콤에게 줄 '원기둥' 선물을 골라라!

22 꿀꺽! 생활 속 수학 한 입
도형이 데굴데굴~ 잡아라, 원 몬스터 볼!

48 수학 궁금증 해결! 출동, 슈퍼M
음료수 캔은 왜 모두 원기둥 모양인가요?

76 똥손 수학체험실
달콤하고 동그란 나의 핫케이크

80 옥톡과 달냥의 우주탐험대
퍼서비어런스와 화성

82 수학 플레이리스트

진짜 재밌는 수학만화

26 요리왕 구단지
밥 맛의 비결은 쌀

34 놀러와! 도토리 슈퍼
직거래 농장?!

52 헬로 매스 지옥 선수촌
가자! 천계 올림픽으로!

60 수리국 신한지의 비밀
합이 딱 맞을 때 짜릿해!

66 인공지능 로봇 마이보2
다시 일상으로

84 우당탕탕 수학 과몰입러
어디로 가야 빠를까?

수학 교과 단원맵

9호 도형 원

이번 호 <어린이수학동아>가 초등 수학 교과의 어느 단원과 연결되는지 확인해 보세요. 어수동을 재밌게 읽는 동안 수학의 기초가 튼튼해져요!

	1학년		2학년		3학년		4학년		5학년		6학년	
	1학기	2학기	1학기	2학기	1학기	2학기	1학기	2학기	1학기	2학기	1학기	2학기
수와 연산	9까지의 수	100까지의 수	세 자리 수	네 자리 수	덧셈과 뺄셈	곱셈	큰 수	분수의 덧셈과 뺄셈	자연수의 혼합 계산	분수의 곱셈	분수의 나눗셈	분수의 나눗셈
	덧셈과 뺄셈	덧셈과 뺄셈❶	덧셈과 뺄셈	곱셈구구	나눗셈	나눗셈	곱셈과 나눗셈	소수의 덧셈과 뺄셈	약수와 배수	소수의 곱셈	소수의 나눗셈	소수의 나눗셈
	50까지의 수	덧셈과 뺄셈❷	곱셈		곱셈	분수			약분과 통분			
		덧셈과 뺄셈❸			분수와 소수				분수의 덧셈과 뺄셈			
규칙성				규칙 찾기			규칙 찾기		규칙과 대응		비와 비율	비례식과 비례배분
												여러 가지 그래프
도형	여러 가지 모양	여러 가지 모양	여러 가지 도형		평면도형	원	각도	삼각형	다각형의 둘레와 넓이	합동과 대칭	각기둥과 각뿔	공간과 입체
							평면도형의 이동	사각형		직육면체	직육면체의 부피와 겉넓이	원의 넓이
								다각형				원기둥, 원뿔, 구
측정	비교하기	시계 보기와 규칙 찾기	길이 재기	길이 재기	길이와 시간	들이와 무게			수의 범위와 어림하기			
				시각과 시간								
자료와 가능성			분류하기	표와 그래프		자료의 정리	막대 그래프	꺾은선 그래프		평균과 가능성		

4 어린이수학동아

교과서랑 같이 봐요!

"난 좀 달라!" 내 이름은 '원'

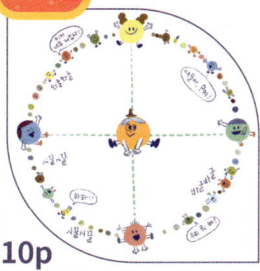

- 3-2 원
  - ▶ 원의 중심, 반지름, 지름을 알아볼까요
  - ▶ 원의 성질을 알아볼까요
  - ▶ 컴퍼스를 이용하여 원을 그려 볼까요
  - ▶ 원을 이용하여 여러 가지 모양을 그려 볼까요
- 6-2 원의 넓이
  - ▶ 원주와 지름의 관계를 알아볼까요
  - ▶ 원주율을 알아볼까요

10p

상콤에게 줄 '원기둥' 선물을 골라라!

- 3-2 원
  - ▶ 원의 성질을 알아볼까요
- 5-2 합동과 대칭
  - ▶ 도형의 합동을 알아볼까요
- 6-2 원기둥, 원뿔, 구
  - ▶ 원기둥을 알아볼까요

18p

도형이 데굴데굴~ 잡아라, 원 몬스터 볼!

- 3-2 원
  - ▶ 원의 성질을 알아볼까요
- 4-2 다각형
  - ▶ 다각형을 알아볼까요
  - ▶ 변의 길이와 각의 크기가 모두 같은 다각형을 알아볼까요
  - ▶ 대각선을 알아볼까요

22p

음료수 캔은 왜 모두 원기둥 모양인가요?

- 6-1 각기둥과 각뿔
  - ▶ 각기둥을 알아볼까요
- 6-2 원기둥, 원뿔, 구
  - ▶ 원기둥을 알아볼까요
  - ▶ 원기둥의 전개도를 알아볼까요

48p

함께 생각해 봐요!

- ☑ 먼 옛날 사람들은 어떻게 원을 맨 처음 발견했을까요? 그때는 컴퍼스가 없었을 텐데, 원을 어떻게 그렸을까요?
- ☑ 자와 실을 가지고 주변에서 볼 수 있는 원의 지름과 둘레의 길이를 직접 재보세요. 정말 지름에 3.14를 곱하면 원의 둘레의 길이가 되는지 확인해 봐요.
- ☑ 원의 넓이는 어떻게 구할 수 있을까요?
- ☑ 원을 조각내서 어떤 새로운 모양을 만들 수 있을까요?

- ☑ 원기둥에서 두 밑면의 크기가 서로 달라지면 어떤 모양이 될까요? 그 모양을 부르는 이름은 뭘까요?
- ☑ 원을 지름을 중심으로 한 바퀴 돌리면 어떤 모양이 될까요? 그 모양을 부르는 이름은 뭘까요?
- ☑ 삼각기둥, 삼각기둥, 오각기둥, 육각기둥 등 각기둥은 어떻게 생겼는지 그려보세요.

- ☑ 각도기 없이 자와 컴퍼스만 가지고 정삼각형, 정사각형, 정육각형을 그릴 수 있을까요? 어떻게 그리면 될까요?
- ☑ 원에 내접하는 정삼각형, 이등변삼각형, 직각삼각형 등 여러 가지 삼각형을 그려보세요. 어떤 특징이 있나요? 반대로 삼각형에 내접하는 원도 그릴 수 있나요?

- ☑ 원기둥 모양의 컵에 구 모양의 얼음이 꽉 끼어 있을 때, 얼음의 지름이 얼마인지 알 수 있을까요?
- ☑ 길이가 짧고 넓적한 원기둥, 연필처럼 가느다란 원기둥의 전개도도 직접 그려보세요.

5

숫자로 보는 뉴스

글 장경아 객원기자 **진행** 최송이 기자(song1114@donga.com) **디자인** 오진희 **사진** GIB, 광주과학기술원(GIS

농게 눈 닮았네!
360° 찍는 카메라

내 눈을 보고 카메라를 만들었다고?

#공 #구 #농게 #360°

농게의 눈에서 아이디어를 얻은 동그란 공 모양 카메라가 개발됐어요. 광주과학기술원(GIST)과 부산대, 서울대 연구진이 모여 연구한 결과이지요. 생물이 가진 능력을 본떠 기술을 개발하는 것을 '생체 모방'이라고 해요.

농게는 갯벌에서 쉽게 볼 수 있는 게로, 몸통의 길이는 약 2cm예요. 한쪽만 큰 집게발을 가진 것이 특징이지요. 농게는 길쭉하게 위로 솟아난 두 눈을 가지고 있는데, 홑눈★ 여러 개가 다발처럼 모여 겹눈★을 이루고 있어요. 사람은 눈동자를 움직이거나 고개를 돌려야 다른 곳을 볼 수 있지만, 겹눈을 가진 농게는 여러 방향을 한 번에 볼 수 있지요. 그 덕분에 물속에서도, 물 밖에서도 빠르게 주위를 살펴 살아남을 수 있어요.

이런 농게의 눈을 본떠 만든 동그란 공 모양의 카메라는 360° 모든 방향을 동시에 촬영할 수 있어요. 연구팀이 만든 카메라는 지름이 약 2cm인 공 모양에 200개의 작은 렌즈가 붙어 있어요.

카메라를 개발한 광주과학기술원 연구팀의 송영민 교수는 "하나의 작은 카메라로 360°를 동시에 촬영할 수 있는 최초의 카메라예요. 가상현실(VR)★이나 증강현실(AR)★, 메타버스★, 수중 촬영 등에 다양하게 활용될 수 있을 것으로 기대해요."라고 말했어요. ⓜ

360° 모든 방향을 동시에 찍을 수 있는 카메라예요.

용어 설명

홑눈★ 어둡고 밝은 것만 구분할 정도의 단순한 기능을 하는 눈이에요.
겹눈★ 홑눈이 여러 개 모인 눈을 말해요. 여러 방향에 있는 물체를 동시에 알아챌 수 있어요.
가상현실(VR)★ 가상의 세계에서 실제와 같은 체험을 할 수 있도록 하는 기술이에요.
증강현실(AR)★ 현실의 배경에 3차원 가상 이미지를 겹쳐 보여주는 기술이에요.
메타버스★ 현실세계와 같은 사회, 경제, 문화 활동이 이뤄지는 3차원 가상 세계예요.

구

으약! **구**해줘!

데굴 데구르르

앗, 이런! 한 도형이 가파른 언덕에서 굴러떨어지고 있어요. 혼자서는 도저히 멈출 수 없나 봐요. 모서리와 꼭짓점이 없어서겠죠? 그렇다면 이 도형은 아마도 '원'일까요? 이때 들리는 강렬한 외침, "'구'해줘!" 아하, 이 도형은 바로 입체도형인 '구'인가 봐요!

글 조현영 기자(4everyoung@donga.com) 일러스트 밤곰
#수학용어 #수학개념 #이모티콘 #구 #원 #지름 #입체도형

어느 방향에서 봐도 둥글다!

어수동 원처럼 생겼는데 구라니! 원과 구는 어떻게 다른가요?

원은 평면도형이고, 구는 입체도형이에요. 원은 평면이라 부피★가 없고, 구는 입체이니 부피가 있다는 점이 다르지요. 종이에 그린 원과 농구공을 떠올려 봐요. 원을 그린 종이는 납작하게 바닥에 붙어있지만, 구 모양인 농구공은 부피가 있어 어느 방향으로나 굴러갈 수 있지요.

부피★ 어떤 공간에서 한 물건이 차지하는 만큼의 크기예요.

어수동 그렇군요! 그럼 구를 만들려면 어떻게 해야 하나요?

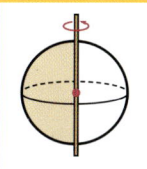

먼저 원을 절반으로 잘라봐요. 이를 '반원'이라고 하는데, 반원의 지름을 중심으로 한 바퀴 빙그르르 회전하면 나타나는 모양이 구예요. 이때 구의 반지름은 반원의 반지름과 같지요.

어수동 한 원에서 모든 반지름의 길이는 같은데, 구도 그런가요?

맞아요. 원의 중심에서 원 위의 어느 점을 연결하더라도 모두 반지름이 되는 것처럼, 구의 표면도 모두 구의 중심에서 똑같은 거리만큼 떨어져 있어서 반지름이 항상 같아요. 그래서 구는 어느 방향에서 봐도 항상 원 모양이고, 어느 쪽으로 잘라도 그 단면은 항상 원이 되지요.

독자들의 어수티콘과 이행시를 소개합니다!

비둘기의 '구! 구! 구!'는 수학 용어 구!

최지인(amyparkster)

평 평범하지 않고
행 행운을 가진 것이 바로 평행!!

하주환(ziny0430)

나만의 수학 용어 이모티콘과 3행시를 만들어 주세요!

"난 좀 달라!" 내 이름은 '원'

끊기지 않고 부드럽게 굽은 선, **곡선**

글 박건희 기자(wissen@donga.com) **디자인** 오진희 **일러스트** 최현주 **도움** 박부성(경남대학교 수학과 교수)
#도형 #원 #지름 #동심원 #원주율 #파이

이제부턴 지금까지와는 조금 다른 도형에 대한 이야기를 들려줄게. 바로 내가 주인공이지. 나를 둘러싼 선을 봐. 거대한 파도 물결이 치는 것처럼 굽은 선 말이야. 먼 우주의 별이 도는 궤도*처럼 둥그런 선 말이야. 만약 너희가 삼각형과 사각형만 알고 있다면, 나 같은 선은 본 적이 없을걸?

삼각형과 사각형은 다각형이지. 맞아, 곧은 선분 여러 개와 꼭짓점으로 이뤄진 도형이야. 예를 들어, 사각형은 선분 4개와 꼭짓점 4개로 이뤄진 다각형이지. 하지만 내겐 곧은 선분과 꼭짓점이 없어. 그래서 난 다각형이 아니야. 우리 모두 **평면도형**＊이라는 점은 같지만 말이야.

내가 누구냐고? 내 이름은 **원** 이야.

용어 설명

궤도＊ 어떤 천체(우주에 있는 행성, 인공위성과 같은 물체)가 다른 천체의 둘레를 도는 길이에요.
평면도형＊ 길이와 너비만 있는 납작한 도형이에요. 두께가 있는 도형은 입체도형이지요.

시작점과 끝점이 같은 곡선! 그중에서도 특별한 나는야, 원!

"원"은 어디에서 왔을까

나야, 나! 점! 나로부터 시작됐대!

나는 어떻게 생겨났을까? 아주 중요한 비밀 하나를 알려줄게. 사실 모든 것은 아주 작은 점 하나에서 시작됐어.

누군가 평평한 종이 위에 점 하나를 찍었어. 그리고 그 점으로부터 얼마만큼 떨어진 곳에 점을 하나 더 찍었지. 정확히 얼마만큼이냐고? 글쎄, 5cm라고 해볼까? 그다음엔 처음에 찍은 점의 아래쪽, 오른쪽, 왼쪽에도 정확히 5cm 떨어진 거리에 점을 찍었어.

똑같은 방법으로 가운뎃점을 둘러싼 다른 점들을 아주, 정말 많이, 무수히 많이(셀 수 없을 만큼 많다는 뜻이야!) 찍었어.

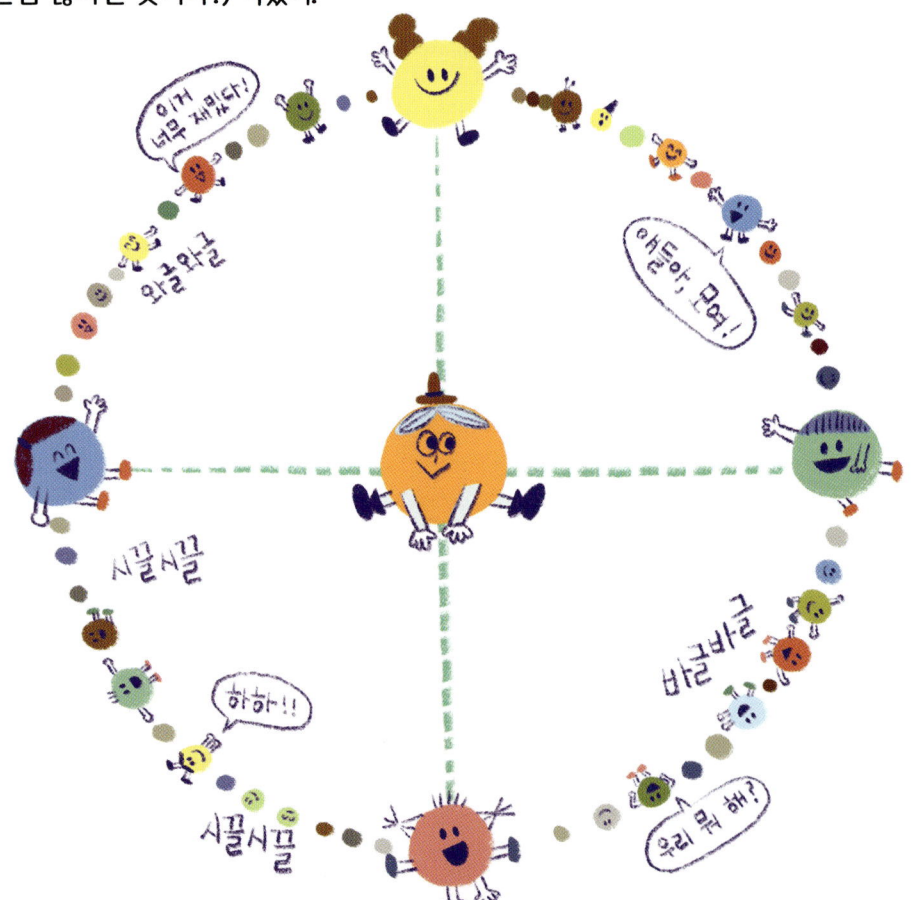

짠! 어때? 둥글게 생겼지? 나는 이렇게 생겨났어. 원은 중심에 있는 점에서 똑같은 거리만큼 떨어진 수많은 점이 모여서 이뤄진 도형이야. 수학자들은 원을 연구하면서 중요한 부분에 이름을 붙여줬어.

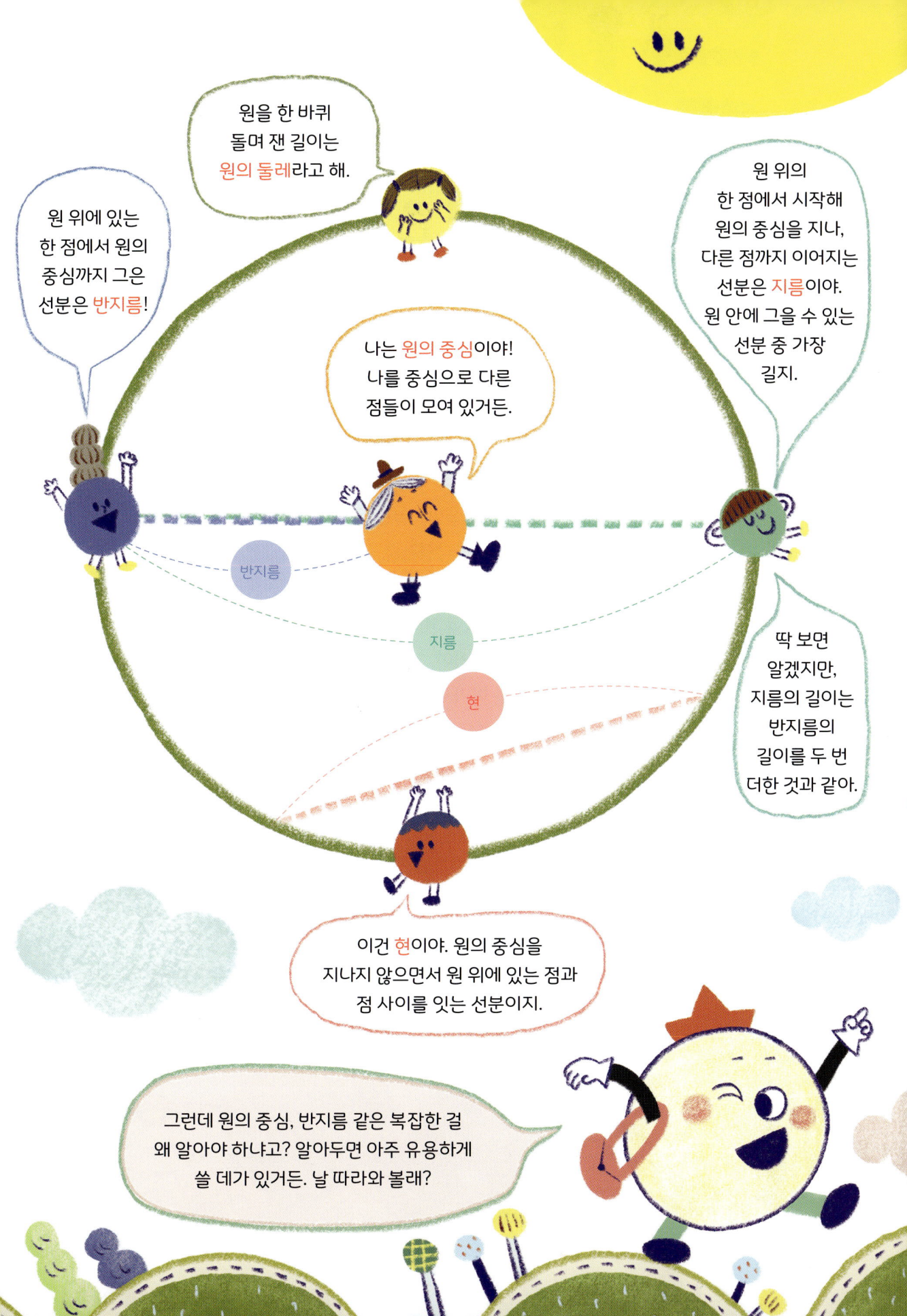

완벽한 '원'은 지름에서부터

아주 오래전, 그러니까 지금으로부터 약 6000년 전 서아시아*에 살았던 수메르인들은 이미 원의 성질을 알고 있었어. 그 증거가 바로 원의 둥근 모양을 이용해 만든 바퀴야. 기록에 의하면, 수메르인은 인류 최초로 둥근 바퀴를 단 수레를 만들었어. 그 수레를 이용해 무거운 물건도 나르고, 사람도 태우고 다녔지.

왜 하필 원 모양 바퀴였을까? 물론, 원의 생김새만 봐도 그 이유를 짐작할 수 있어. 삼각형, 사각형처럼 각이 있는 다각형과는 달리 모난 부분 없이 둥글잖아. 덕분에 앞으로도, 뒤로도 잘 굴러가지. 그보다 더 중요한 원의 성질이 있어. 바로, 원 위의 어느 점에서 지름을 긋든 그 길이가 항상 같다는 거야. 바퀴가 잘 굴러가려면 바퀴의 높이가 일정해야 하거든. 높이가 제각각이라면 구를 때마다 덜컹거려. 그러니까 원은 바퀴로 사용하기 좋은 모양이지.

용어 설명

서아시아★ 현재의 이라크, 이란 등이 위치한 대륙이에요. 인류의 고대 문명 중 하나인 '메소포타미아 문명'이 생겨난 지역이지요.

저런, 저런…. 굴릴 때마다 바퀴의 높이가 변하니까 덜컹거려.

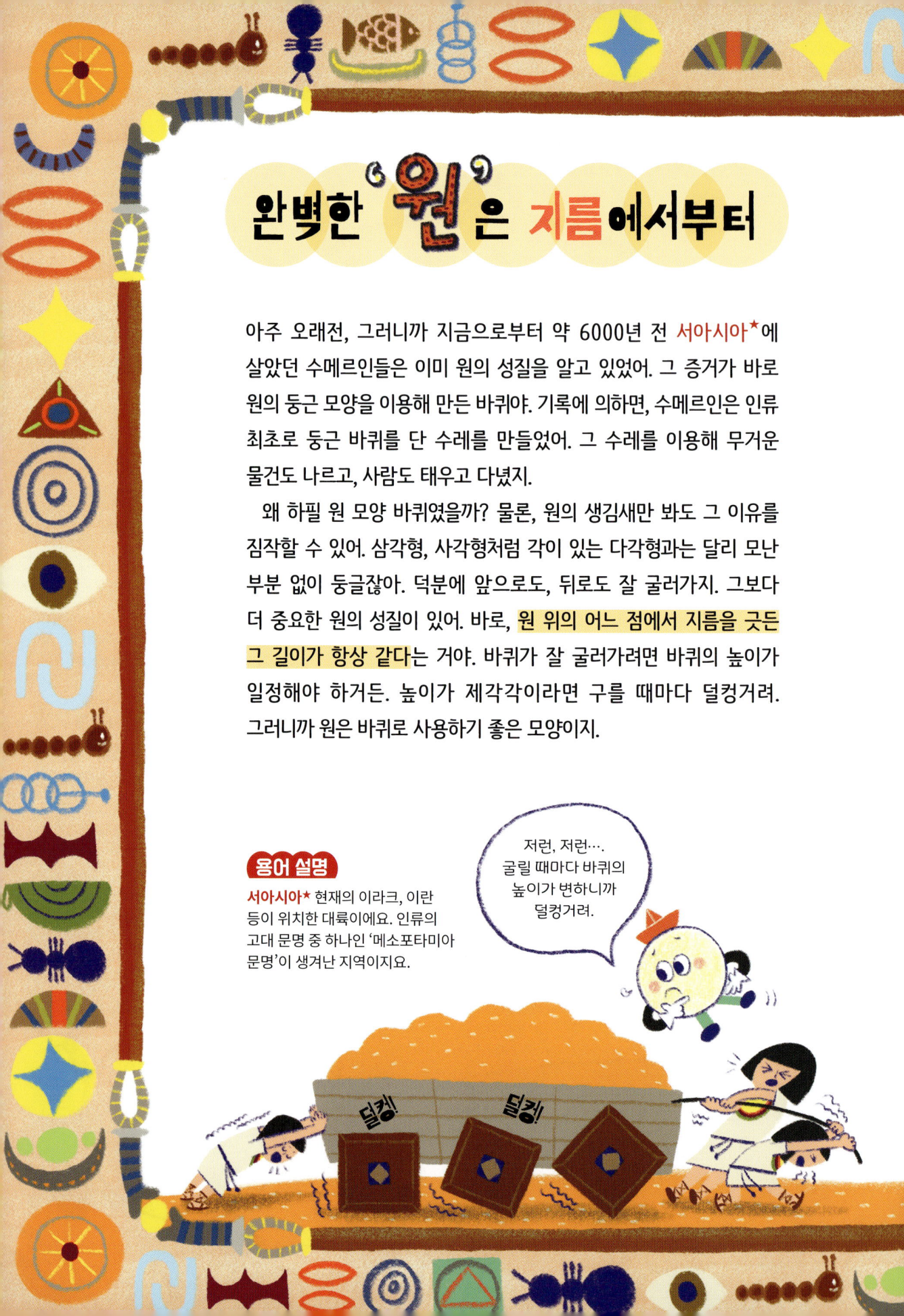

원의 성질을 알면 다양한 모양을 만들 수도 있어. 만약 크기가 똑같은 원을 두 개 그리고 싶다면, 지름이 같은 원을 그리면 돼. **두 원의 지름이 같다면 두 원의 크기도 같거든.** 원 하나를 정확히 반으로 나누고 싶다면, 그 원의 지름을 따라 나누면 돼. **지름은 원을 똑같은 모양 둘로 나누기 때문**이야.

원의 중심과 지름을 이용해 우리 주변에서 발견할 수 있는 무늬를 그려 볼까?

빠져든다, 빠져들어~!

원의 중심은 같고, 지름은 다른 원을 동심원이라고 해.

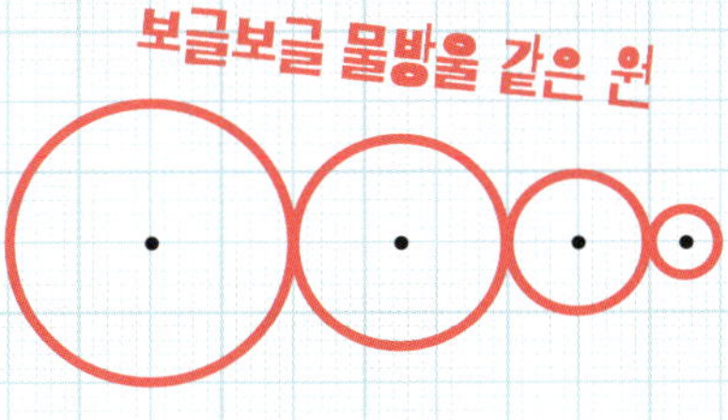

보글보글 물방울 같은 원

왼쪽에서 오른쪽으로 갈수록 원의 크기가 작아져. 원의 중심의 위치도 변하고 있지.

반지름이 반-짝!

이 무늬는 어떻게 그렸을까? 반지름의 길이가 같은 원 네 개를 생각해 봐.

원 바퀴라서 편~안 하구먼!

원으로 직접 그린 무늬를 플레이콘에 자랑해 주세요!

'원'의 특별한 비밀, 원주율

원의 둘레를 조금 어려운 말로는 '원주'라고 불러. 원의 지름이 길어질수록 원의 둘레도 길어지지. 뭐, 원이 커지니까 당연한 거 아니냐고?

놀랍게도, 원의 둘레는 아무렇게나 길어지는 게 아니야! 옛날 사람들은 원의 지름과 원의 둘레 사이의 특별한 관계를 밝혀냈어. 바로, **원의 둘레는 언제나 원의 지름보다 약 3배 조금 넘게 길다**는 사실이야!

원의 둘레는 원의 지름에 원주율, 즉 3.14를 곱해서 구해!

세계에서 가장 정확한 원주율 값?

스위스 그라우뷘덴 대학교 연구팀은 2021년, 원주율의 소수점 아래 62조 8000억 번째 자리까지 계산하는 데 성공했어. 그 값이 바로…,

3.1415926535 8979323846 2643383279
5028841971 6939937510 5820974944
5923078164 0628620899 8628034825
3421170679 8214808651 3282306647
0938446095 5058223172 5359408128
4811174502 8410270193 8521105559 …

자리가 부족해서 다 못 적음!

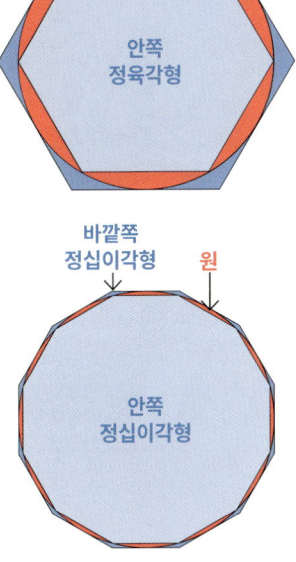

바깥쪽 정육각형 / 원
안쪽 정육각형

바깥쪽 정십이각형 / 원
안쪽 정십이각형

　3배 '조금 넘게'라니, 애매하다고? 고대 그리스의 수학자 아르키메데스도 원의 둘레가 원의 지름과 비교해 정확히 얼마만큼 길어지는지 알아내고 싶었어. 그는 원 하나를 그린 뒤, 원의 안쪽과 바깥쪽에 원의 둘레와 만나는 정육각형을 하나씩 그렸지. 원의 둘레는 바깥쪽 정육각형의 둘레보다는 조금 작지만, 안쪽 정육각형의 둘레보다는 조금 커. 그다음엔 정십이각형, 정이십사각형, …처럼 각이 더 많은 정다각형을 원의 안쪽과 바깥쪽에 그린다고 생각해 본 거야.

　아르키메데스가 구십육각형까지 계산해 봤더니 원의 둘레는 지름의 약 3.14배였어! 후대의 수학자들은 연구를 거듭했고, 원의 둘레가 지름의 3.14159265358979323846…배라는 걸 밝혀냈어. 소수점 아래로는 수가 끝없이 이어진다는 것도 알아냈지. 그래서 이 수를 이용할 땐 3.14로 계산하기로 약속했어. 또, 이를 ==원주율==이라고 부르고 ==파이(π)==라는 기호로 나타내기로 했어.

　나를 둘러싼 흥미로운 이야기, 어때? 나를 꼭 기억해 줘. 나는 '원'이야!

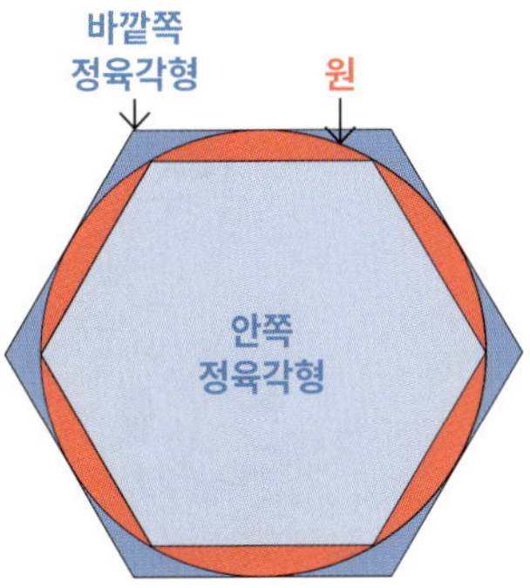

상콤에게 줄 '원기둥' 선물을 골라라!

수콤과 달콤이 상콤의 생일 선물을 사러 마트에 왔어요. 원기둥 모양의 선물을 고르려고 해요. 마트 안에서 원기둥 모양 물건을 찾아봐요.

글 어린이수학동아 **디자인** 오진희 **일러스트** 허경미

수콤 비법

원기둥은 밑면이 2개예요. 서로 **평행**★하면서 **합동**★인 원이지요. 원기둥의 옆면은 직사각형을 둥글게 말아서 만든 거예요.

이건 밑면이 평행하지 않고 합동도 아니기 때문에 원기둥이 아니야!

용어 설명

평행★ 두 직선을 아무리 늘여도 만나지 않을 때 평행하다고 해요.
합동★ 두 도형의 크기와 모양이 같아 서로 포갰을 때 꼭 맞는 것을 말해요.

수콤달콤 연구소는 어린이들이 '쓴맛'으로 꼽은 초등수학 내용을 달콤하게 바꿔드려요.

핵심 연구원

 연구소장 수콤
'수학을 달콤하고 맛있게 만들기'가 목표인 허당 소장이에요.

 수학 요리사 달콤
어떤 수학도 달콤하게 만드는 달인이에요.

직사각형을 넣으면 원기둥이 되는 자판기

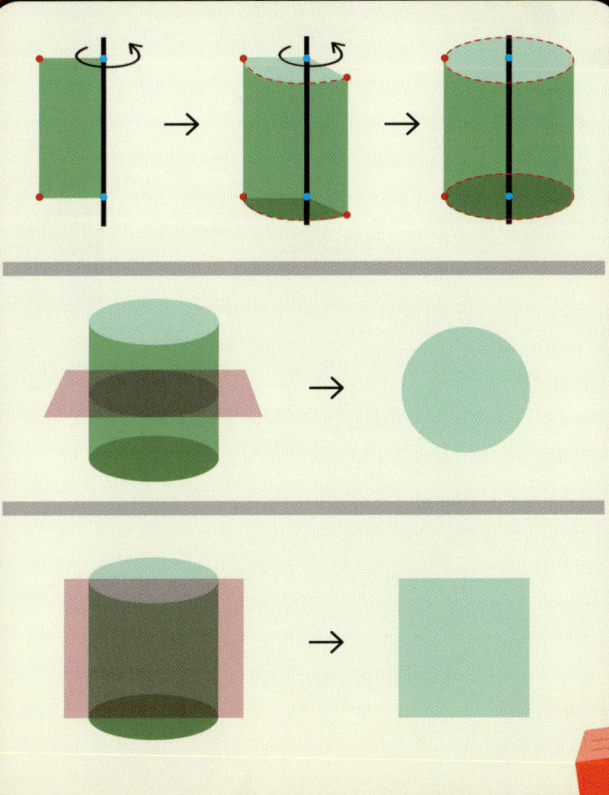

달콤 비법

원기둥을 가로로 자르거나 위에서 보면 밑면의 모양대로 원 모양이 나타나요.
원기둥을 세로로 자르거나 옆에서 보면 그 단면은 직사각형 모양이지요.

직사각형의 한 변을 기준으로 360° 돌리면 원기둥이 되는구나!

수콤달콤 선물 포장

수콤과 달콤은 상콤에게 줄 선물로 물통을 샀어요.
포장지를 딱 맞게 잘라 물통을 포장하려고 해요.
포장지를 어떤 모양으로 자르면 될까요?

원기둥 모양인 물통을 펼치면 어떻게 될까?

밑면의 반지름 4cm
높이 12cm

수콤 비법

물통의 각 면에 딱 맞게 포장지를 오리려고 해요. 원기둥을 잘라서 펼쳐 놓은 모양대로 자르면 되겠지요. 이 그림을 원기둥의 전개도라고 해요. 원기둥의 전개도는 원 모양의 밑면 2개와 직사각형 모양의 옆면 1개로 이뤄져 있어요.

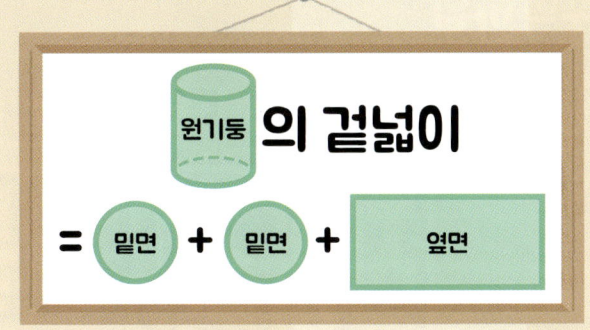

달콤 비법
원기둥의 전개도에서 옆면의 세로는 원기둥의 높이와 같아요. 가로는 밑면의 둘레와 같지요. 원의 둘레는 2×반지름×원주율 로 구해요.

용어 설명
원주율★ 원의 지름에 대한 둘레의 비율이에요. 3.141592…로 끝없이 이어져요. 약 3.14로 계산하지요.

밑면이 2개라는 걸 잊지 마!

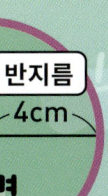

반지름 4cm
밑면

밑면의 둘레
옆면
높이 12cm

4cm
밑면

꿀꺽! 생활속 수학한입

도형이 데굴데굴~
잡아라, 원 몬스터 볼!

이곳은 도형마을의 한적한 공원. 앗, 몬스터가 나타났다! 이 마을의 도형 몬스터들은 자신에게 꼭 맞는 원에 들어가는 걸 좋아해요. '원 몬스터 볼'만 있으면 도형 몬스터와 친구가 될 수 있지요. 원형 색종이를 접어 원 몬스터 볼을 직접 만들어 봐요!

글 조현영 기자(4everyoung@donga.com) **디자인** 김은지 **일러스트** GIB
참고 이대영 <학교수학 종이접기 1>, EBS '도형의 합동과 닮음'
#원 #정삼각형 #정사각형 #정육각형 #내접 #외접

QR코드를 찍으면 색종이 대신 원 도안을 쓸 수 있어요. 도안을 내려받아 출력한 다음 오려서 사용하세요.

잠깐! 원 속의 여러 모양

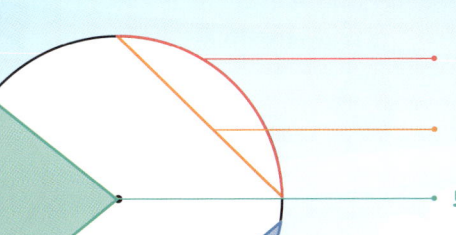

- **호** : 원의 둘레 위 두 점을 잇는 곡선
- **현** : 원의 둘레 위 두 점을 가로질러 잇는 선분
- **부채꼴** : 두 반지름과 호로 둘러싸인 도형
- **활꼴** : 현과 호로 둘러싸인 도형

원 몬스터 볼 만들기 ❶ 정삼각형 몬스터

1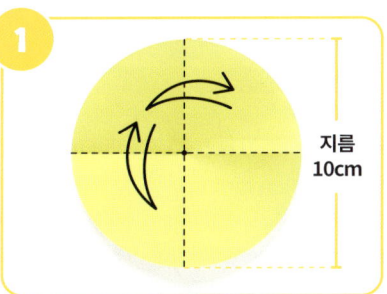
지름 10cm
원을 절반으로 두 번 접은 뒤 펼쳐요. 두 선분이 만나는 지점이 원의 중심이에요.

2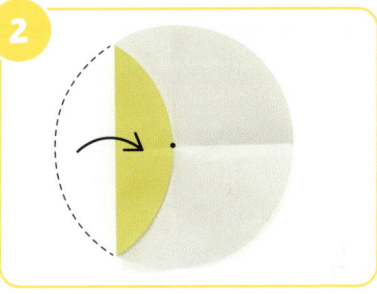
호가 원의 중심을 지나도록 접어줘요.

3
접힌 호의 끝이 서로 맞닿도록 두 개의 호를 더 접어요.

4 뒤집으면 정삼각형 완성!
자와 각도기를 이용해 정삼각형이 맞는지 확인해 봐요.

퀴즈 ❶ 나의 세 꼭짓점은 원의 둘레와 만나지. 원의 중심에서 한 꼭짓점까지 거리는 얼마일까?

※ 퀴즈 정답은 25쪽 아래에 있어요.

정사각형 몬스터

원 몬스터 볼 만들기 ❷

1
원을 절반으로 두 번 접었다 편 다음, 두 선분이 X자가 되도록 돌려요.

2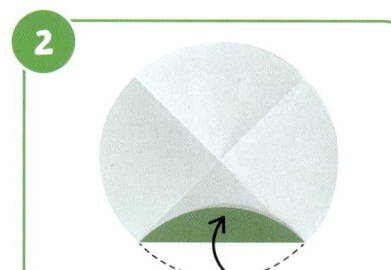
부채꼴의 두 반지름 사이에 활꼴이 나타나도록 접어요.

3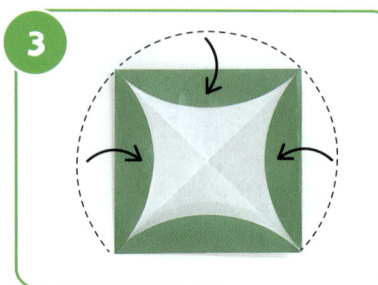
나머지 세 부채꼴도 같은 방법으로 접어요.

4
자와 각도기를 이용해 정사각형이 맞는지 확인해 봐요.

퀴즈 ❷
서로 이웃하지 않은 두 꼭짓점을 잇는 선분을 대각선이라고 해. 나의 대각선의 길이는 얼마일까?

정육각형 몬스터

원 몬스터 볼 만들기 ❸

1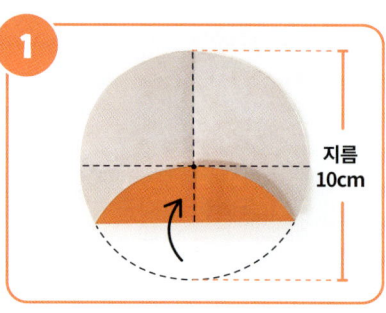
원을 절반으로 두 번 접었다 편 다음, 한 호가 원의 중심을 지나게 접어요.

2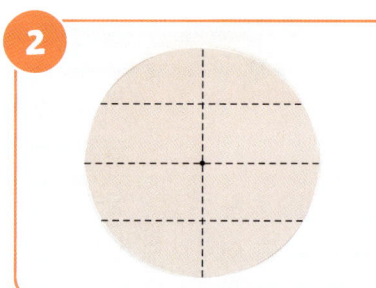
위쪽의 호도 같은 방법으로 접었다 펼치면 원이 8조각으로 나뉘어요.

3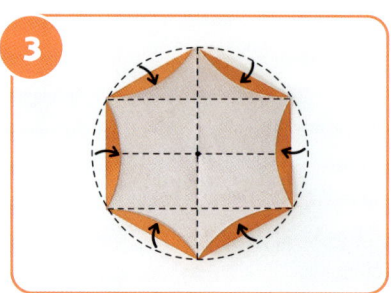
사진처럼 선에 맞춰서 작은 호를 접어줘요. 총 6개의 호를 접어야 해요.

4
자와 각도기를 이용해 정육각형이 맞는지 확인해 봐요.

퀴즈 ❸
내 대각선 중 일부는 원의 지름과 같아! 내 대각선은 총 몇 개이고, 원의 지름과 같은 건 그중 몇 개일까?

몬스터, 절대 빠져나갈 수 없어!

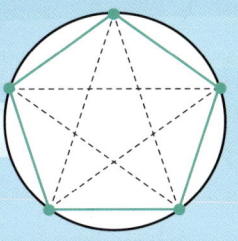
원에 내접한 정오각형의 모습이에요.

몬스터들은 모두 원에 '내접'하는 도형이에요. 내접은 두 개의 도형을 겹쳤을 때, 안쪽 도형의 모든 꼭짓점이 바깥쪽 도형의 둘레에 꼭 맞닿는 것을 말해요. 원에 내접하는 다각형의 변과 대각선 길이는 원의 지름보다 길 수 없어요. 도형 몬스터가 원 몬스터 볼을 빠져나가면 어떡하나 걱정하지 않아도 된답니다!

받아라, 만다라 마법진!

여러 가지 모양이 원의 형태를 이루고 있는 만다라 작품이에요.

도형 몬스터는 '만다라'라는 특별한 그림을 좋아하지요. 만다라는 고대 인도 말로 원을 뜻하는 단어 '만달라'에서 비롯된 말이에요. 원을 중심으로 다양한 도형을 그려 반복되는 무늬를 만들어내는 예술이지요.

그런데 다른 도형은 사용하지 않고 원만으로도 특별한 무늬를 만들 수 있어요. 모든 원은 서로 닮은 관계라는 점을 이용하면 돼요. 닮은 관계란 어떤 도형이 크기만 다르고 모양은 같은 것을 말해요. 세상의 모든 원은 반지름의 길이에 따라 크기만 달라질 뿐, 모양이 똑같아서 언제나 닮은 관계예요.

크고 작은 원, 원을 겹쳐 만든 호와 활꼴 등이 어우러진 무늬는 마법진 같기도 하고, 꽃송이 같기도 해요. 예시를 보고 따라 하거나, 여러분만의 개성 넘치는 모양을 만들어 봐요.

예시

지름이 10cm인 원 안에 지름 5cm인 작은 원 다섯 개가 겹쳐 들어가도록 그려 봤어!

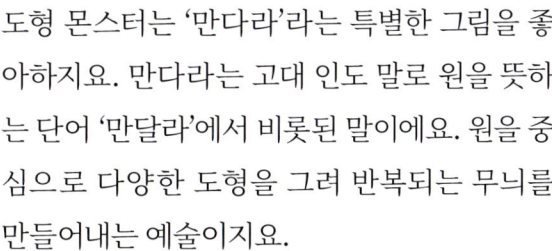

이런 모양의 원 만다라는 어때?

퀴즈 정답 ① 5cm ② 10cm ③ 대각선 9개, 원의 지름과 꼭짓점 5개

부피* 어떤 공간에서 한 물건이 차지하는 크기예요.

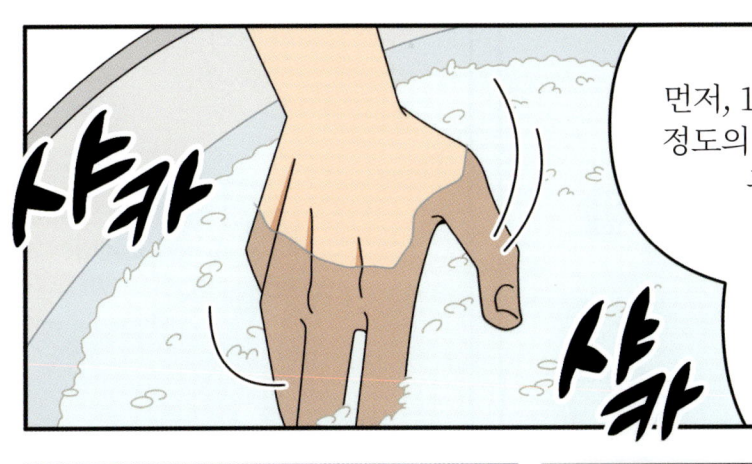

먼저, 1인분에 100~200g 정도의 쌀을 대야에 담고 두세 번 씻어야 해.

너무 세게 문지르면 쌀알 속 영양소가 다 빠져나갈 수 있으니 빠르게 살살 씻어주는 게 좋아.

그 후 쌀과 물의 양의 비율을 맞춰주어야 하는데 쌀이 1만큼일 때 물도 1만큼 들어가는 게 좋아.
만약 쌀이 100g씩 3컵이라면, 물도 100mL씩 3컵을 넣어야 해.

준비한 쌀과 물을 전기밥솥에 넣고 취사 버튼을 누르면 밥 짓기 끝!

방법은 생각보다 간단하지? 사실 밥 지을 때 가장 중요한 건….

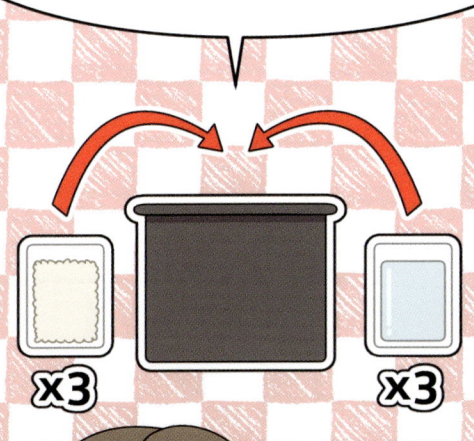

바로 좋은 품질의 쌀!

갓 생산하고 껍질을 벗긴 쌀로 지은 밥은 아주 맛있지!

우리 집 밥 맛의 비결은 시골에서 구해오는 이 1등급 햅쌀이야.

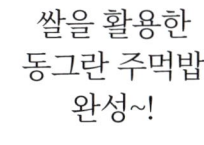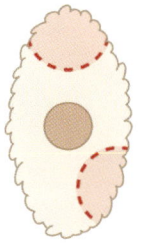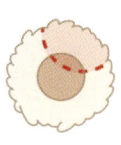

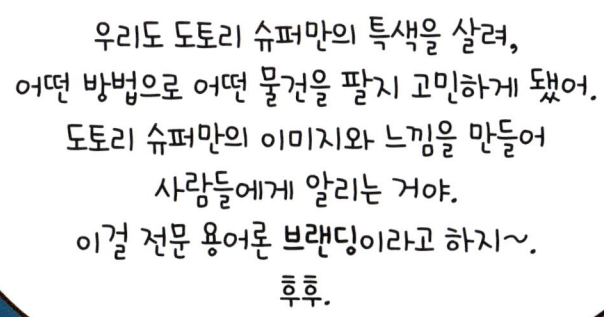

우리도 도토리 슈퍼만의 특색을 살려, 어떤 방법으로 어떤 물건을 팔지 고민하게 됐어. 도토리 슈퍼만의 이미지와 느낌을 만들어 사람들에게 알리는 거야. 이걸 전문 용어론 **브랜딩**이라고 하지~. 후후.

멋져~.

그럼 강연을 시작하겠습니다.

오홍홍, 동물들이 아주 많이 왔군?

오늘의 강연자 물소 박사

고글 팝업스토어는 일시적으로 열린 거지만, 언제 다시 열지 몰라.

미리 공부해서 대책을 세워야겠어!

경품 준다니까 온 거면서….

강연 종료 후, 경품 증정 시간.

엥~. 겨우 플라스틱 컵?

뭔데, 뭔데?

산지 직송* 상품을 키우거나 만든 곳에서 슈퍼를 거치지 않고 고객의 집까지 바로 배송해주는 거예요.

경운기* 논밭을 갈아 농작물을 키울 때 필요한 기계예요.

소노수정 작가 제주도에서 다육식물과 함께 살고있는 소노수정입니다. 마음꽃에서 '황당교실'을 연재중이며, 지은 만화책으로는 <마인드스쿨14-채소는 정말 싫어!>, 다육식물만화 <다육해줘>가 있어요!

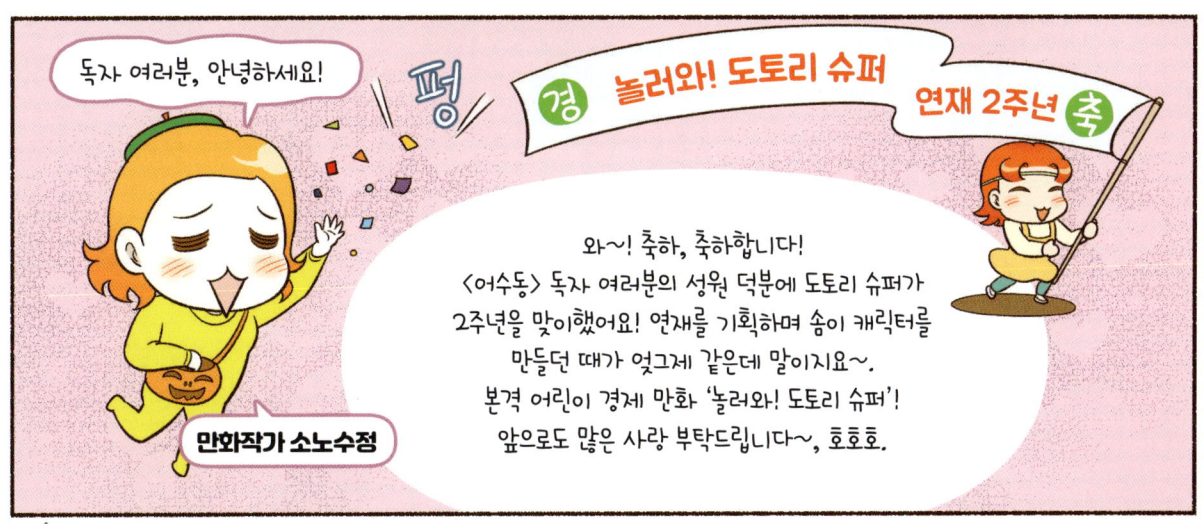

QR코드를 찍으면
정답을 바로
볼 수 있어요.

마법에 걸린 원 마법사?!

우린 빵집에 꼼짝없이 갇혔어. 사각형 코의 콰드라 족 마법사가 말했지.
"유니콘과 꼬마 마법사가 같이 다닌다니, 수상하잖아."
그는 분더를 노려봤어.
"게다가 넌…, 다른 유니콘과 달리 저주까지 피했군."
콰드라 족 마법사는 다시 망토를 뒤집어쓰며 말했어.
"일단 잡아둬야겠어. 말썽 피우지 말고 있으라고."
그는 문을 굳게 잠그더니 다시 밖으로 나갔지.

글 박건희 기자(wissen@donga.com)
디자인 김은지 일러스트 남남OK
#도형 #원 #반지름 #원뿔 #구 #원기둥

그림마다 한 개씩 숨어있는 숫자도 찾아봐!

과자의 나머지 반쪽은?

우린 빵집에 남겨졌어. 그때, 어둠 속에서 뭔가가 달그락거리더니 말소리가…, 응? 과자잖아? 과자가 말을 걸다니?!
"저기, 우린 원 마법사들이야. 다각형이 아니란 이유로 콰드라 족이 과자로 바꿔버렸어. 이 초콜릿 과자의 나머지 반쪽을 찾아서 맞춰야 마법을 풀 수 있다는데…, 도와주겠어?"

반으로 잘린 원 모양 초콜릿 과자의 나머지 반쪽을 찾아라. 지름의 길이가 같아야 딱 맞는 반쪽이다. 과자 지름의 길이를 재라.

미션 2: 원 입체도형을 찾아라!

쪼개진 과자를 맞추니 놀라운 일이 일어났어. 과자들이 원 마법사들로 변한 거야!
원 마법사 중 하나가 말했어.
"고마워. 자세한 설명은 나중에 하고…, 지금 당장 '원'을 포함한 입체도형을 찾아야 해.
입체도형 세 개를 모두 모아야만 강력한 원 마법진을 완성할 수 있거든."

퍼즐

빵집 안에서 원뿔, 원기둥, 구 모양의 물건을 찾아라. 원뿔은 밑면이 원인 고깔모자 모양, 원기둥은 두 밑면이 모두 원인 기둥 모양, 구는 공 모양 입체도형이다.

놀이북 8쪽, 23쪽과 함께 보세요!

출동, 슈퍼 M
수학 궁금증 해결!

음료수 캔은 왜 모두 원기둥★ 모양인가요?

자판기에서 음료수를 뽑아 먹으려고 했는데, 자세히 보니 음료수 캔은 크기만 다를 뿐 모두 윗면과 아랫면이 동그란 '원기둥' 모양이더라고요. 음료수 캔은 왜 모두 원기둥 모양인지 궁금해요.

글 장경아 객원기자 진행 최송이 기자(song1114@donga.com)
디자인 오진희 일러스트 김태형 사진 어린이수학동아, GIB
#슈퍼M #생활수학 #원기둥 #부피

용어 설명

원기둥★ 위와 아래에 있는 면이 서로 평행이고 같은 크기의 원으로 되어 있는 기둥 모양의 입체도형을 말해요.

더 많아 보이는 착각!

음료수 캔은 모두 원기둥 모양이에요. 그렇지만 모두 다 똑같은 크기, 똑같은 모양은 아니지요. 얇고 길쭉한 원기둥, 작고 통통한 원기둥 등 다양한 모양이 있어요. 이중 얇고 길쭉한 원기둥 모양의 캔이 가장 많지요. 이런 모양의 캔은 대부분 높이가 13.2cm이고, 윗면과 밑면을 이루는 원의 지름★은 5.2cm예요. 이 크기의 원기둥 음료수 캔이 가장 많은 이유는 무엇일까요?

아래 사진을 보세요. 길쭉하고 날씬한 원기둥 모양의 캔과, 짧지만 넓적한 원기둥 모양의 캔은 둘 다 약 240mL★의 음료가 들어가요. 실제로 들어가는 음료의 양은 거의 차이나지 않지만, 눈으로 봤을 땐 길쭉한 원기둥이 훨씬 더 커 보이는 착시 효과가 일어나지요. 이런 이유로 많은 음료 회사에서 길쭉하고 날씬한 원기둥 모양 캔을 사용하는 거예요. 또, 길쭉한 캔이 넓적한 캔보다 한 손으로 잡기도 편하지요.

원기둥 윗면의 지름
5.2cm

원기둥의 높이
13.2cm

> **용어 설명**
> 지름★ 원의 중심을 지나고, 원의 둘레 위의 두 점을 잇는 선분을 말해요.
> mL★ 액체의 양을 재는 단위로 '밀리리터'라고 읽어요. 1mL는 가로, 세로, 높이가 모두 1cm인 그릇에 담긴 액체의 양을 말해요.

탄산음료는 왜 모두 원기둥 캔에 담길까?

원기둥 캔 음료가 더 맛있다?

음료수 캔의 크기와 모양은 여러 가지여도 모두 원기둥 모양이라는 점은 같아요. 왜 삼각기둥, 사각기둥이 아닌 원기둥일까요? 슈퍼M과 함께 그 이유를 알아봐요.

첫째. 가볍고 튼튼하다!

음료수 캔에는 주로 탄산음료, 주스 등의 액체가 담겨요. 우유는 종이팩이나 플라스틱 용기에 담아도 되지만, 탄산음료를 다른 용기에 담으면 충격을 받았을 때 탄산음료 안에 있는 기체가 부풀어서 용기가 터질 위험이 있거든요. 금속인 알루미늄으로 만든 캔은 가볍고 튼튼해서 흔들리거나 충격을 받아도 음료를 안전하게 보관할 수 있답니다.

둘째. 잡기 편하다!

만약 삼각기둥이나 사각기둥 모양의 캔이 있다면 어떨까요? 삼각기둥은 밑면이 삼각형이고 옆면은 직사각형인 입체도형, 사각기둥은 밑면은 사각형, 옆면은 직사각형인 입체도형이에요. 두 도형 모두 옆면이 각져 있어서 손으로 잡았을 때 모서리가 날카롭게 느껴질 수 있지요. 반면 원기둥은 옆면이 곡선이어서 손으로 잡을 때 안전하고 편해요. 또, 각기둥은 모서리에 충격이 가해지면 그 부분에 구멍이 날 수도 있지만, 원기둥은 한 부분에 충격이 가해지더라도 그 충격이 골고루 흩어져요.

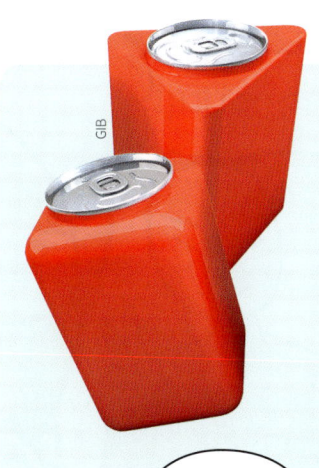

셋째. 용기 재료가 적게 든다!

원기둥, 삼각기둥, 사각기둥 모양으로 음료수 캔을 만들어서 모두 같은 양의 음료수를 담는다고 했을 때, 캔을 감싸는 겉면의 넓이, 즉 겉넓이는 서로 달라요. 삼각기둥의 겉넓이가 가장 크고, 원기둥의 겉넓이가 가장 작지요. 겉넓이가 작다는 것은, 용기를 만들 때 드는 재료가 가장 적게 들어간다는 의미예요. 재료가 적게 들면 비용도 가장 적게 들지요. 물건을 만드는 회사 입장에서는 용기를 만드는 재료를 되도록 적게 사용해야 더 많은 이익을 낼 수 있어요.

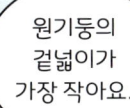
원기둥의 겉넓이가 가장 작아요.

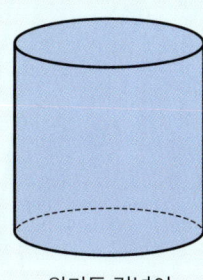 < 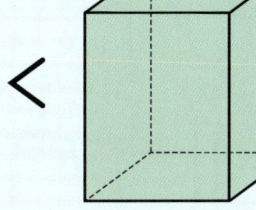 <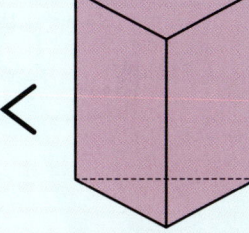

원기둥 겉넓이   사각기둥 겉넓이   삼각기둥 겉넓이

슈퍼 M 꿀팁! 상자에 음료수 캔을 많이 담으려면?

아래 왼쪽 그림에는 직사각형 상자 안에 원기둥 음료수 캔이 5개씩 8줄로 40개가 들어있어요. 이 상자에 음료수 캔을 더 넣을 수 있을까요?

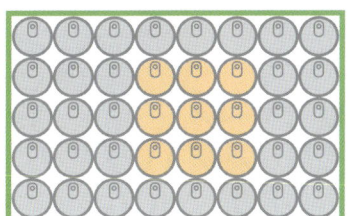 →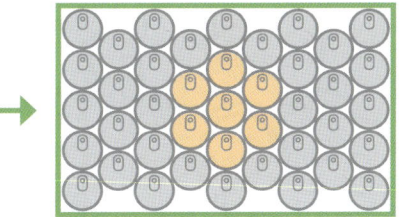

이미 음료수 캔으로 꽉 차 더 이상 들어갈 곳이 없는 것처럼 보이지만, 오른쪽 그림처럼 음료수 캔을 가지런히 넣지 않고 서로 어긋나게 담으면 5개, 4개씩 번갈아 총 9줄을 넣을 수 있어요. 모두 세어보면 41개로, 가지런히 넣는 방법보다 음료수 캔을 1개 더 담을 수 있답니다.

※ 생활 속 해결하고 싶은 수학 궁금증이 있다면 슈퍼M에게 메일을 보내주세요. asksuperm@gmail.com로 신청자의 이름, 연락처와 함께 사연을 보내면 됩니다. 사연이 채택된 신청자에게는 소정의 선물을 드려요!

장대 높이뛰기 경기 규칙

선수들은 경기에서 총 세 번의 기회를 얻어요. 각 기회마다 기록을 재는 걸 '시기'라고 해요.
선수는 1차 시기에서 미리 신청한 높이의 바를 넘어요. 성공하면 기록이 인정되고, 실패하면 기록을 얻지 못하지요. 다음 시기에서는 적어도 5cm 더 높은 높이에 도전해야 해요. 3차 시기까지 모두 끝낸 후 최종 인정된 기록이 가장 높은 선수가 우승해요.

 하성호 작가 제주도에서 만화를 그리며 가끔 강의도 하고 있습니다. 좋아하는 것은 운동과 캠핑입니다.

수리국 신한지의 비밀
- 합이 딱 맞을 때 짜릿해! -
글·그림 이은섭 콘텐츠 최송이 기자(song1114@donga.com)

뭐라? 도성의 백성들이 몽유병에 걸렸다고?

네! 다들 밤마다 잠을 자지 못하고 걸어 다녀요.

그런데,

그들의 집에는 모두 마방진이 붙어 있어요.

아무래도 마방진과 몽유병이 관계가 있는 것 같습니다.

뭐라?!

신명놀이단의 수장인 홍단은 내게 분명 마방진이 역병을 막아주는 부적이라 했는데….

강산

축구는 재밌지만 수학은 어렵기만 하다. 하지만 누구보다 솔직하고 정의로운 초등학생.

신한지

수리국의 수학자로 모두가 알아볼 정도로 인기가 많다. 어느날 강산과 영혼이 뒤바뀐다.

홍단

백성들에게 재밌는 놀이를 소개하는 '신명놀이단'의 수장. 하지만 어딘가 수상하다.

도성의 한 골목.

수사관 님, 여기 이 집부터 마방진의 합이 맞는지 확인해볼까요?

네…. 그런데 한지 님, 저는 아무리 봐도 잘 모르겠습니다.

첫 번째 가로줄에 적힌 수의 합은 2+7+6=15잖아요. 둘째 줄의 합도 15이고요. 그런데 셋째 줄의 합은 6+3+8=17이라서

다른 줄과 합이 다르죠.

두 번 적힌 숫자인 6을, 빠진 숫자인 4로 고쳐 넣으면

셋째 줄도 4+3+8=15로 합이 맞게 돼요!

아~! 가로, 세로, 대각선의 합이 모두 15가 됐네요.

좌
악

 이은섭 작가

스파이더맨을 좋아하던 저는 상상 속의 친구와 노는 것을 좋아했습니다. 이제는 저도 누군가에게 상상의 친구가 되길 꿈꿉니다.

그날 오후.

한지 님! 드디어 마지막 집의 마방진까지 모두 고쳤습니다.

하나!

둘!

이제 몽유병도 모두 사라진 것 같아요.

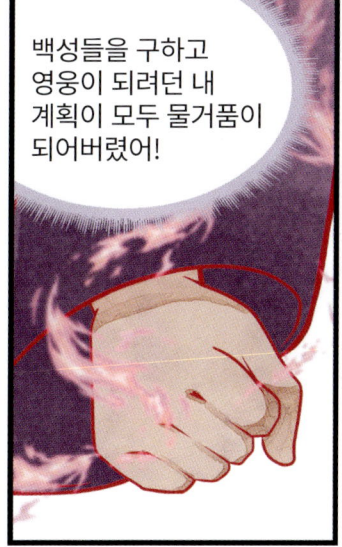

공 모양 '구'

비눗방울이나 공처럼 둥근 모양의 입체도형을 '구'라고 해요. 원을 절반으로 자른 반원을 그림과 같이 하나의 축을 기준으로 회전하면 구가 만들어져요. 구의 가장 안쪽에 있는 점을 구의 '중심'이라고 하고, 중심에서 구의 표면의 한 점까지 이은 선분을 반지름이라고 한답니다. 지름이 8cm인 반원을 돌리면 반지름이 4cm인 구가 만들어져요.

홍승우 작가 — 마이보와 요미의 귀염 귀염한 액션 활약 많이 기대해 주세요!

무기징역★ 평생 교도소에 갇혀 있는 형벌을 말해요.

드디어 돌아온 일상! 계속 이대로 평화로울 수 있을까?

달콤하고 동그란 나의 핫케이크

킁킁, 어디서 맛있는 냄새가 나는 것 같지 않나요?
바로 똥손 기자가 달콤한 핫케이크를 굽는 냄새!
달콤할 뿐 아니라 완벽히 동그란 모양으로 굽는다는데…, 과연 가능할까요?

글 박건희 기자(wissen@donga.com) 디자인 김은지 사진 GIB, wikimedia, 어린이수학동아
#수학체험실 #원 #컴퍼스 #핫케이크 #요리

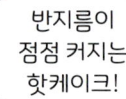

진짜 동그랗다니까요~!

반지름이 점점 커지는 핫케이크!

완벽한 원을 향한 열정

어떤 사람이 허리를 굽혀 바닥에 무언가를 그리고 있어요. 자세히 들여다보니 컴퍼스로 동그란 원을 그리는 것처럼 보여요.

이 그림은 약 800년 전 프랑스의 성경에 실린 그림이에요. 컴퍼스를 들고 있는 이는 다름 아닌 신이에요. 신이 세계를 만드는 모습을 컴퍼스를 이용해 완벽한 원을 그리는 것으로 묘사한 거예요. 아주 오래전부터 컴퍼스를 이용해 원을 그렸다니 놀랍지요?

원은 원의 중심으로부터 같은 거리만큼 떨어진 점들이 모여서 이뤄진 도형이에요. 길쭉하거나 찌그러진 곳 없이 어느 쪽에서 보아도 똑같이 동그란 모양이어야 원이라고 할 수 있지요. 원의 중심에서 원의 둘레 위의 한 점을 잇는 선분, 즉 반지름은 둘레 위 어느 점에서 선분을 긋더라도 그 길이가 항상 같아요. 컴퍼스를 이용하면 반지름이 일정한 원을 그릴 수 있지요. 원의 중심이 되는 점에 침을 꽂은 뒤, 컴퍼스를 원의 반지름만큼 벌려 한 바퀴 돌리면 원이 완성되거든요. 그렇다면 완벽하게 동그란 핫케이크를 만들 때도 '핫케이크의 중심'을 찾아야 할까요? 확인하러 가 봐요!

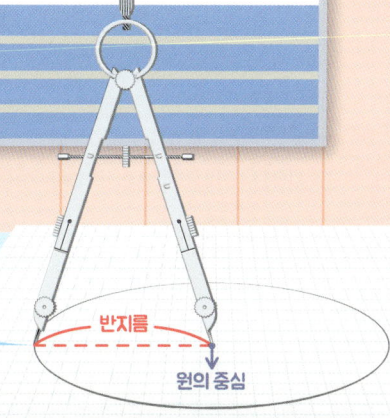

원의 중심을 정하고, 컴퍼스의 침을 원의 중심에 꽂은 뒤 펜을 한 바퀴 돌리면 원이 돼요.

핫케이크 반죽을 프라이팬에 어떻게 올려놓아야 완벽하게 동그란 핫케이크를 구울 수 있을까요?

준비물

프라이팬 / 오목한 그릇 / 주걱 / 뒤집개 / 식용유 / 핫케이크 가루 200g / 달걀 / 과일 / 우유 100mL

1

핫케이크 가루 200g을 오목한 그릇에 담아요. 전자저울이나 계량컵을 이용하면 좋아요.

2

달걀 1개와 우유 100mL를 섞은 다음, 핫케이크 가루에 부어요.

3

주걱으로 잘 저어서 핫케이크 반죽을 완성해요. 덩어리 없이 연한 노란색 반죽이 될 때까지 잘 저어요.

4

불 조심!

프라이팬에 식용유를 두르고, 가스레인지나 인덕션을 중간 불로 맞춰요. 불은 위험할 수 있으니 반드시 어른의 도움을 받으세요.

5

반죽을 숟가락이나 작은 그릇에 옮겨 담고 프라이팬의 중심에서부터 회오리 모양을 그리듯 반죽을 부어 원 모양을 완성해요.

6

윗면에 구멍이 뽕뽕 올라오면, 뒤집개를 이용해 반죽을 다른 면으로 뒤집어요. 뜨거울 수 있으니 조심하세요.

7

핫케이크의 양면이 모두 잘 익도록 뒤집어 가면서 핫케이크를 완성해요.

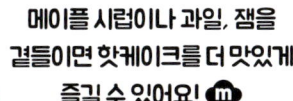

메이플 시럽이나 과일, 잼을 곁들이면 핫케이크를 더 맛있게 즐길 수 있어요!

옥톡과 달냥의 우주 탐험대

태양 수성 금성 지구 달

안녕? 우린 우주인이 되기 위해 특수훈련을 마친 옥톡과 달냥이야. 어느 날, 우주 저 멀리에 있는 외계인으로부터 신호가 왔어. 당장 그들을 만나러 갈 거야! 우린 우주를 떠돌아다니는 여러 탐사선에서 부품을 모아 우주에서 최고로 멋진 우주선을 만들기로 했어.

글 김준수(과학동아천문대)
진행 박건희 기자(wissen@donga.com)
디자인 오진희 일러스트 김태형, GIB 사진 NASA
#퍼서비어런스 #탐사선 #인제뉴어티 #화성

퍼서비어런스의 정찰* 드론 인제뉴어티 획득!

옥톡

용어 설명

정찰* 필요한 정보를 얻기 위해서 주변의 환경을 살피는 일이에요.
부채꼴* 원에서 두 개의 반지름과 하나의 호로 이뤄진 도형이에요. 부채 모양이어서 부채꼴이라고 불러요.
삼각주* 강이나 호수가 바다와 만나는 지점에 흙이 쌓여 만들어진 삼각형 모양의 지형이에요.

퍼서비어런스

미국항공우주국(NASA)이 쏘아 올린 **화성 탐사선**이에요. **길이 3m, 높이 2.2m**로, '인제뉴어티' 드론이 그 주변을 돌며 관찰해요. 퍼서비어런스는 **부채꼴*** 모양 **삼각주***가 있는 화성의 '예제로 분화구'에 착륙했어요. 35억 년 전 물이 흘렀을 것으로 추측되는 곳이지요.

우주선 에너지 충전 미션

화성의 지름은 지구의 반지름 (6400km)보다 조금 더 커요. 그렇다면 지구의 지름은 대략 얼마일까요?

① 약 3200km
② 약 12800km
③ 약 24000km

※추첨을 통해 2명에게 <과학동아 천문대> 입장권을 드려요.

화성

화성의 **지름**은 **약 6779km**로, 지구의 반지름(6400km)보다 조금 더 큰 정도예요. **대기***가 거의 없고, 지구 **질량***의 약 $\frac{1}{10}$ 정도로 가벼워요. 화성에 물이 흘렀던 흔적을 발견한 이후로 화성에서 생명체의 흔적을 찾으려는 탐사가 꾸준히 이뤄지고 있답니다.

용어 설명

대기* 천체의 표면을 둘러싸고 있는 기체예요.
질량* 장소나 상태에 따라 달라지지 않는 물체의 고유한 양이에요. 킬로그램(kg) 단위로 나타내요.

수학 플레이리스트

담당 조현영 기자
(4everyoung@donga.com)

 보드게임

※자세한 규칙은 제품에 들어 있는 설명서를 참고하세요.

1
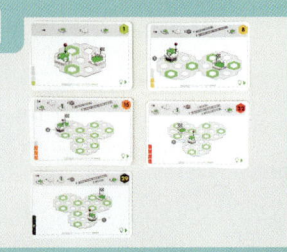

총 30장의 '문제 카드'가 들어 있어요. 다섯 단계 중 원하는 단계의 카드를 골라요.

2

카드에 표시된 필요 부품들을 박스에서 꺼내어 준비해요.

3

카드에 그려진 모양대로 받침판을 먼저 조립해요.

그래비트랙스 더 게임 임팩트

코리아보드게임즈
koreaboardgames.com
45,000원
이용 연령 | 8세 이상
참여 인원 | 1명

6

완성 후 출발점을 눌러 액션 스톤을 굴려 보세요. 도착점에 쏙 들어간다면 문제 해결! 30개의 문제를 모두 풀어 봐요!

5
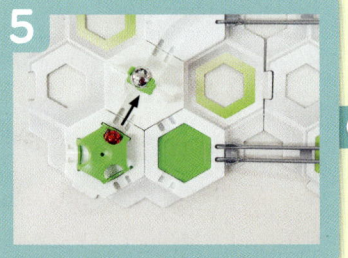

이때 '액션 스톤'이 굴러가는 길이 카드와 똑같이 되어 있는지 반드시 확인하세요! 틀리면 액션 스톤이 굴러가지 않아요.

4
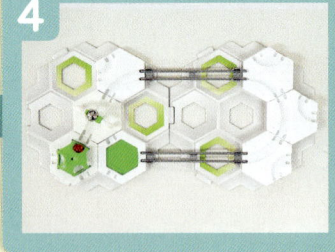

이제 게임 시작! 주어진 부품을 모두 사용해서 출발점과 도착점을 이어요. 부품의 높낮이와 특성을 잘 생각해 봐요.

➕ 놀면서 배우자!

- 공간 감각을 길러요. 부품이 설치된 방향과 높낮이에 따라 액션 스톤이 움직이는 방향과 속도가 달라진다는 점을 이해해야 문제를 풀 수 있어요.
- 도형의 특성을 이해해요. 빈틈없이 맞물리는 육각형의 성질에 따라 여러 개의 부품을 서로 꼭 맞게 설치할 수 있어요. 액션 스톤은 육각형의 각에 따라 45°만큼 회전할 수도, 120°만큼 회전할 수도 있지요.

 영상

유튜브 캡처

행성의 중심에는 뭐가 있을까?

태양계에는 우리 지구를 포함해 총 8개의 행성이 있어요. 저마다 다른 색깔과 무늬가 도드라지지요. 하지만 이건 표면에 불과하다는 점! 지구의 겉껍질 역할을 하는 '지각'은 지구 전체 부피의 1%만을 차지해요. 안쪽에는 돌로 만들어진 '맨틀', 철로 만들어진 '핵'이 있지요. 또 다른 행성들의 안쪽에는 무엇이 들어있을까요? 돌멩이? 용암? 혹은…, 다이아몬드?! 영상으로 답을 확인해 보세요!

 책

화장실 수학 탐험대 1 : 계산, 부피, 곡선

박병하 글 | 행성B | 13,000원

초등학교 6학년 수아는 수학이 재미없고 어렵다고 생각해요. 어느 날, 수아의 말을 들은 이모가 세상에서 수학이 가장 필요 없을 것 같은 곳인 화장실을 탐험해 보자고 말해요. 이모가 준 구슬을 먹자, 으악! 몸이 화장실 손잡이보다도 작아졌어요! 당황할 새도 없이 이모와 수아, 수아의 동생 지호는 거대해진 화장실로 향했어요. 타일, 샤워기, 휴지, 물…, 대체 어디에 수학이 있는 건지, 수아네 가족의 탐험을 함께 따라가 봐요!

 책

쓰레기 위성의 혜나

맹현 글 | 김상훈 그림 | 핌 | 19,000원

멋진 연구를 하는 혜나의 아빠는 새로운 연구를 발표했어요. 바로 온 지구의 쓰레기를 모아 우주에 버리는 일이지요. 어른들은 이 일이 아주 멋있다고 칭찬하지만, 혜나의 생각은 달라요. 어른들을 이해하지 못한 혜나는 쓰레기 더미에 숨어서 쓰레기들과 함께 우주로 향하게 됐지요. 과연 혜나는 집으로 무사히 돌아올 수 있을까요? 우주를 쓰레기통으로 쓰려는 어른들의 계획은 성공할까요?

 영상

유튜브 캡처

색종이 한 장 + 가위 = 나팔꽃?!

귀엽고 독특한 종이꽃을 만들고 싶은데, 꽃잎을 하나하나 그리고 오리는 게 귀찮다면 이 영상을 참고해 보세요! 꽃잎 5장이 나오도록 종이를 접고 테두리를 여러 종류의 곡선, 직선으로 잘라내면 나팔꽃, 코스모스, 벚꽃 탄생! 5장의 꽃잎은 모두 똑같이 생긴 합동이 될 거예요. 다양한 모양의 꽃잎을 디자인해서 나만의 종이 정원을 만들어 보는 건 어떨까요?

※과물입러: 뭔가에 깊이 빠진 사람을 재밌게 부르는 유행어.

- 어디로 가야 빠를까? -

글·그림 최수경 콘텐츠 최송이 기자(song1114@donga.com)

 **최수경 작가** 애니메이션과 웹툰을 그리고 있습니다. 개성 있고 사랑스러운 그림으로 사람들을 행복하게 해주고 싶어요. :)

둘레가 긴 길을 걸어야 운동이 된답니다!

한 달에 두 번, 어린이 수학동아 가 찾아갑니다!

<어린이수학동아>를 정기구독으로 만나보세요. 한 달에 두 번 최신 호를 가장 빠르게 받아볼 수 있습니다. 1년을 구독하면 초등 수학의 5개 영역을 담은 <어린이수학동아> 24권을 모두 받을 수 있어요. 또, 정기구독 독자에게만 드리는 혜택도 누릴 수 있어요!

★ 정기구독으로 초등 수학 완전 정복!

연간 주제호 구성안	1월	2월	3월	4월	5월	6월
	여러 가지 수	덧셈과 뺄셈	도형	도형	도형	곱셈과 나눗셈
	여러 가지 수	덧셈과 뺄셈	도형	도형	곱셈과 나눗셈	곱셈과 나눗셈
	7월	8월	9월	10월	11월	12월
	분수와 소수	분수와 소수	측정	측정	자료와 가능성	규칙 찾기
	분수와 소수	분수와 소수	측정	자료와 가능성	자료와 가능성	규칙 찾기

※ 정기구독 신청일 기준으로 해당 월호가 배송되며 1년 중 24권을 모두 받을 수 있습니다.

어린이수학동아 정기구독 혜택 100% 누리기!

기자단 활동
★ 전국 과학관 및 박물관 상시 무료 입장
★ 내가 쓴 기사를 현직 기자가 첨삭!
★ 기사와 체험 활동은 포트폴리오로 관리

연장회차별 DS캐시 지급
★ 현금처럼 사용가능한 DS캐시 제공
★ 5,000캐시부터 최대 15,000캐시까지 즉시 할인

디라이브러리 무료
★ 동아사이언스 모든 매거진(어린이수학동아, 어린이과학동아, 수학동아, 과학동아) 무료 이용
★ 연 480,000원 상당 혜택

시민과학 프로젝트 참여 기회 제공
★ 이화여대 장이권 교수와 함께하는 **지구사랑탐사대 우선 선발**
★ AAAS 국제과학언론상 수상! **우리동네 동물원 수비대 우선 선발**
★ 줍깅! 분리배출! 플라스틱 일기까지! **플라스틱 다이어트 프로젝트 참여**

어수동을 오디오로 들어요!
★ 각 기사의 첫 페이지에 있는 QR코드를 스마트폰으로 찍고 오디오를 들어요.
★ 매월 20개 이상의 어수동, 어과동 오디오 콘텐츠를 만나 보세요.

어수동 X 어과동 기자단 가입하고
81개 전국 과학관·박물관 취재하세요!

<어린이수학동아>를 정기구독해서 보는 친구에게는 정말 좋은 혜택이 있어요! 바로 어린이수학동아X어린이과학동아 기자단 활동! 기자는 원하는 정보를 얻기 위해 해당 분야 전문가를 만나 취재하고 기사를 쓰죠. 친구들도 <어수동> 기자처럼 전국 81개 과학관과 박물관에 무료 입장해 취재하고 기사를 쓸 수 있어요. 기사를 써서 팝콘플래닛 '기사콘'에 올리면 <어수동> 기자가 직접 첨삭해 기사를 출고합니다. 기자단에 가입하고 꼭 기자단 혜택을 누리세요!

기자단에 가입하면 얻는 혜택

- **혜택1 81개** — 전국 주요 과학관 및 박물관 무료 또는 할인 입장
- **혜택2 첨삭** — 현직 기자의 글쓰기 첨삭 지도
- **혜택3 취재** — 다양한 현장 취재 참여
- **혜택4 포트폴리오** — 내가 쓴 기사를 내려받을 수 있는 포트폴리오 제공

앱 설치하고 모바일 기자단증을 받으세요!

정기구독 신청   (02)6749-2002

정기구독 할인 안내 최대 135,600원 가격 할인

정기구독료

구분		정가	할인금액	할인	비고
단품	1년 정기구독료(24권)	264,000	224,400	15%	39,600원 할인
	2년 정기구독료(48권)	528,000	422,400	20%	105,600원 할인

패키지 구독료

구분		정가	할인금액	할인	비고
패키지 1년 정기 구독료	어린이수학동아 + 어린이과학동아	576,000	460,800	20%	115,200원 할인
	과학동아 + 어린이과학동아	510,000	408,000	20%	102,000원 할인
	수학동아 + 어린이과학동아	480,000	360,000	25%	120,000원 할인
	과학동아 + 수학동아	366,000	274,500	25%	91,500원 할인
	과학동아 + 수학동아 + 어린이과학동아	678,000	542,400	20%	135,600원 할인

※위의 패키지 상품은 어린이수학동아 독자 연령에 맞는 대표 패키지입니다.
　추가로 다양한 패키지 상품을 구매할 수 있습니다(상세 가격은 'DS스토어' 홈페이지 참고).
※패키지 2년은 1년 할인가에 추가로 할인이 제공됩니다.

어린이 수학동아 편집부 ♥ 후기 ♥

😎 **최은혜 편집장**
배고픈 지금 가장 먹고 싶은 것,
지난 주말에 먹은 족발이 아른거려요.
#세종시_맛집 #인생족발
#은솔_기자_환영해요♥

😄 **최송이 기자**
따뜻한 봄날, 즐거운 여행을 다녀왔어요.
어린 시절로 돌아간 것처럼 신나게 놀았답니다.
하지만 체력은 예전과 다르더군요.
아직도 무릎이 아파요….
#누군가는 #이_사진_보고
#버섯_모둠 #이라던데

🤩 **박건희 기자**
내겐 너무 완벽한 원…,
아니, 김은지 코디네이터.
오랜만에 머리를 땋았더니 좋았어요.

🤡 **조현영 기자**
미술학원에 가 봤어요. 구, 원기둥, 육면체를
그렸습니다! 구를 그리는 건 특히 어렵더군요!
선생님께서 구의 구부러진 면을 상상하며 그림자가
안쪽으로 말려 들어가도록 그려야 한다고 하셨는데…
#결국 #선생님이 #완성

😊 **최은솔 기자**
팝콘 같은 벚꽃을 보고 왔어요!
아래쪽에 빼꼼 앉아있는 저를 잘 찾아보세요!
어수동 여러분을 만나게 되어 너무 기뻐요.
앞으로도 잘 부탁드려요!! >.<

😍 **오진희 디자인 파트장**
파란 하늘이 예뻤던 날! 동글동글~
원들이 모여있는 놀이터를 발견했어요.
곡선을 통과하기가 생각보다 어려웠지만
아슬아슬하고 재미있었답니다!
#초정행궁

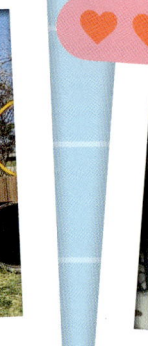
😝 **김은지 디자이너**
"어디 보자…. 오늘은 이 스타일이 좋겠어요!"
다음엔 박건희 기자가 어떤 모습으로 여러분을
만날지 기대해주세요! 또 무엇을 시도해 볼까…
#머리_땋는_중 #만능변신
#내겐_너무_완벽한_박건희_기자

내가 바로 <어수동> 표지 작가!

독자 여러분이 멋지게 완성한 <어수동> 표지를 소개합니다. 놀이북 표지를 내 맘대로 색칠하고 '플레이콘'의 놀이터-어린이수학동아 게시판에 자랑해 주세요!

베스트 표지
독자 최다혜(thinko33)

9호 표지

지금 바로 표지 작가에 도전하세요! 베스트 표지에 뽑히면 선물을 드려요!

최기자

기자의 한마디

★ 동글동글한 원! 일상 속에서 볼 수 있는 '원 모양' 물건들이 가득 모여있어요. 축구공, 수박, 쿠키, 도넛으로 멋지게 변신했네요!

★ 우주 배경과 어울리는 원 모양의 별들도 눈에 띄어요. 오른쪽 위에 숨어있는 지구는 푸르게 빛나고 있고, 왼쪽 아래 있는 노란 별은 가로로 줄무늬가 있어 목성처럼 보여요.

※ 베스트 표지로 선정된 분은 eunsolcc@donga.com으로 이름, 주소, 전화번호를 보내주세요!

어수동 찐팬을 만나다

역사, 창작, 수학 렛츠 고! 배움을 즐겨요~

글 조현영 기자(4everyoung@donga.com)

<어린이수학동아>의 진짜진짜 '찐팬'을 소개합니다! 찐팬으로 선정된 독자의 교실로 <어수동>을 보내드려요.

박수린 독자가 <어수동> 놀이북 표지를 꾸미고 있는 모습이에요.

박수린
경기 성남
낙생초등학교 5학년

어수동 요즘엔 어떤 일에 관심이 있나요?

역사, 만화, 소설 쓰기, 우주와 미래 등 많은 것에 관심이 있어요. 한국사와 세계사를 공부하고 있는데, 중국, 파키스탄, 일본, 독일, 이탈리아, 영국, 프랑스, 러시아 등 다양한 나라의 역사도 자세히 배우고 싶어요. 또 팝콘플래닛의 스토리콘에 소설과 웹툰을 연재하고 싶기도 해요. 관심 있는 것들을 꾸준히 배워서 도서관 사서, 만화가, 크리에이터, 작가 등의 직업을 가지고 싶어요!

어수동 <어수동>의 어떤 점이 좋아요?

만화, 놀이북 활동, 기사가 모두 재미있어요. 읽으면서 수학 지식을 쌓을 수 있는 점도 좋아요. 가장 좋은 건 만화예요. 만화를 읽으면서 여러 지식을 자연스럽게 배울 수 있거든요. 이전에는 수학이 어렵다고 생각했고 관심도 적었는데, <어수동>에서 만화로 수학을 배우니 재밌어요. 수학이 때로는 복잡하고 어렵기도 하지만, 우리 삶 속 다양한 곳에 수학 원리가 쓰이고 수학으로 여러 문제를 해결한다는 게 신기해요.

어수동 <어수동>을 읽으며 새로 알게 된 것이 있나요?

삼각김밥이 삼각형으로 만들어진 이유요! 보통 김밥집에서 파는 김밥은 원기둥 또는 원처럼 생겼는데, 삼각김밥은 왜 삼각형인지 궁금했거든요. 그런데 '삼각김밥은 왜 삼각형 모양일까요?' 기사에서 삼각형 김밥은 사각형이나 원과 달리 입에 재료가 덜 묻는다는 설명이 나와 있어서 쉽고 재밌게 알 수 있었어요.

팝콘플래닛으로 놀러오세요!

팝콘플래닛은 어떤 곳인가요?
팝콘플래닛은 어린이의 상상으로 태어난 가상세계입니다.
총 4개의 콘으로 구성돼 있어요.

 나의 작품을 직접 연재하는 웹툰/소설/그림 작가 되기!

 기사도 쓰고~ 토론도 하고~ 어과수 기자단 활동하기!

 어린이수학동아, 어린이과학동아 콘텐츠를 한눈에 쏙!

 지구를 지켜라! 시민과학자 되기!

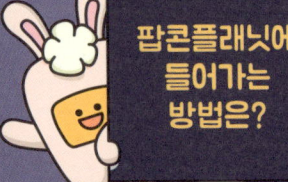 팝콘플래닛에 들어가는 방법은?

웹(PC)으로 접속할 때
포털사이트에서 '팝콘플래닛'을 검색하거나 주소창에 www.popcornplanet.co.kr을 입력하세요.

앱(스마트폰/태블릿PC)으로 접속할 때
구글/앱 스토어에서 '팝콘플래닛'을 검색한 다음 앱을 설치하세요.

돌려 돌려~!

contents

책 모서리에 찍히지 않도록 주의하세요.

'플레이콘'에 놀러오세요! 놀이터·어린이수학동아 게시판에 나의 놀이북 활동을 자랑하면 추첨을 통해 선물을 드려요.

02 사고력 쑥쑥! 수학 놀이

06 이야기로 냠냠! 어수잼
앗, 태극기 속에도 원이?

08 수학 궁금증 해결! 출동, 슈퍼M
꿀꺽꿀꺽! 나만의 캔을 만들어 봐!

10 놀러와! 도토리 오락실

12 말랑말랑 두뇌퍼즐

16 어수동네 놀이터

18 도전! M 체스 마스터
작지만 강하다! 폰, 앙파상

21 도전! M 체스 마스터 카드

23 나만의 원기둥 캔 만들기

25 색 팽이를 돌려라!

평면을 원으로 나누면?

※ 평면에 원을 하나 그리면 평면은 원의 내부(1)와 외부(2)로 나뉘고, 2개의 영역이 생깁니다.

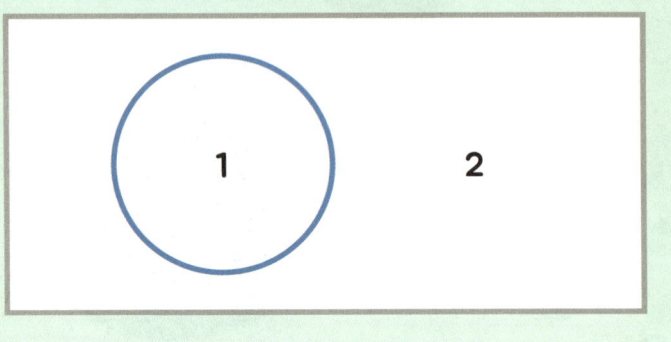

💡 그럼 평면에 원을 2개 그렸을 때는 몇 개의 영역으로 나뉘는지 알아보세요.

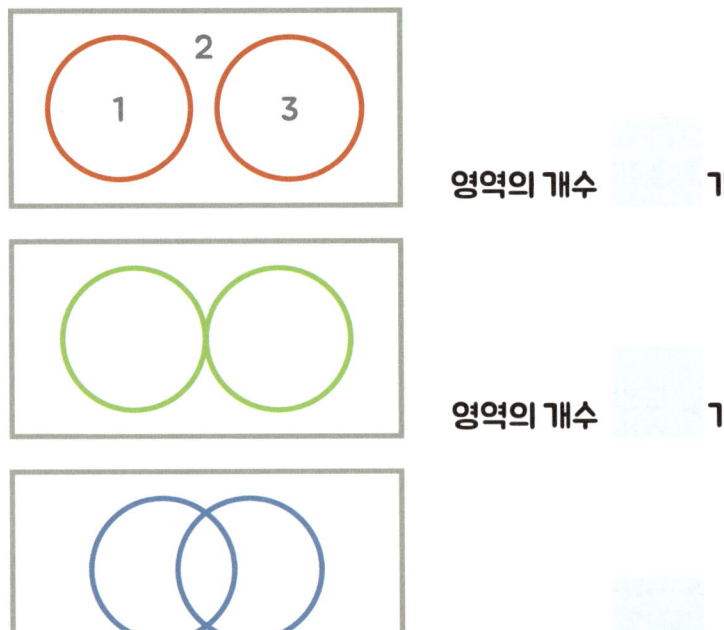

영역의 개수 　 개

영역의 개수 　 개

영역의 개수 　 개

두 원이 두 점에서 만날 때 영역의 개수가 가장 많아요.

원이 더 많아졌어요. 과연 몇 개의 영역으로 나뉠까요?

영역의 개수 _____ 개

 4개의 원이 가장 많은 영역으로 나뉠 때를 그림으로 그리고, 영역의 수를 구해보세요.

영역의 개수 _____ 개

원으로 그려라!

※ 다른 도형은 쓰지 않고 오직 원만 사용해서 그림을 그릴 수도 있어요. 아래 그림에는 총 11개의 원이 사용됐어요.

11 개

💡 아래 그림은 오직 원만 사용해서 그린 뒤 밑그림을 지운 거예요. 몇 개의 원을 사용했을까요?

개

색 팽이를 돌려라!

※ 두 가지 색깔을 칠한 팽이를 돌리면 두 색이 섞인 색깔을 볼 수 있어요.

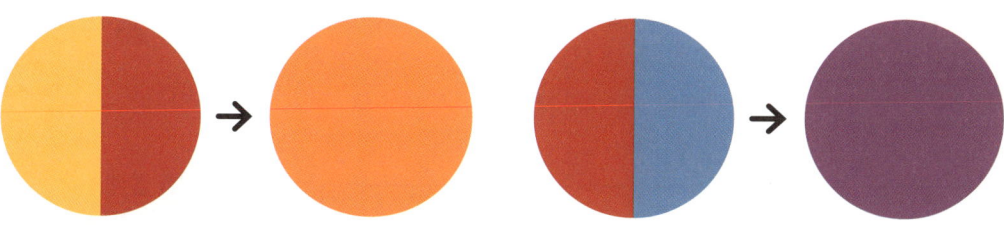

 검은색 바탕에 색 테이프를 붙인 팽이를 돌리면 어떤 색깔이 보일까요? 놀이북 25쪽 도안으로 팽이를 만들어 돌려보고, 알맞은 그림을 찾아 선으로 연결해 보세요.

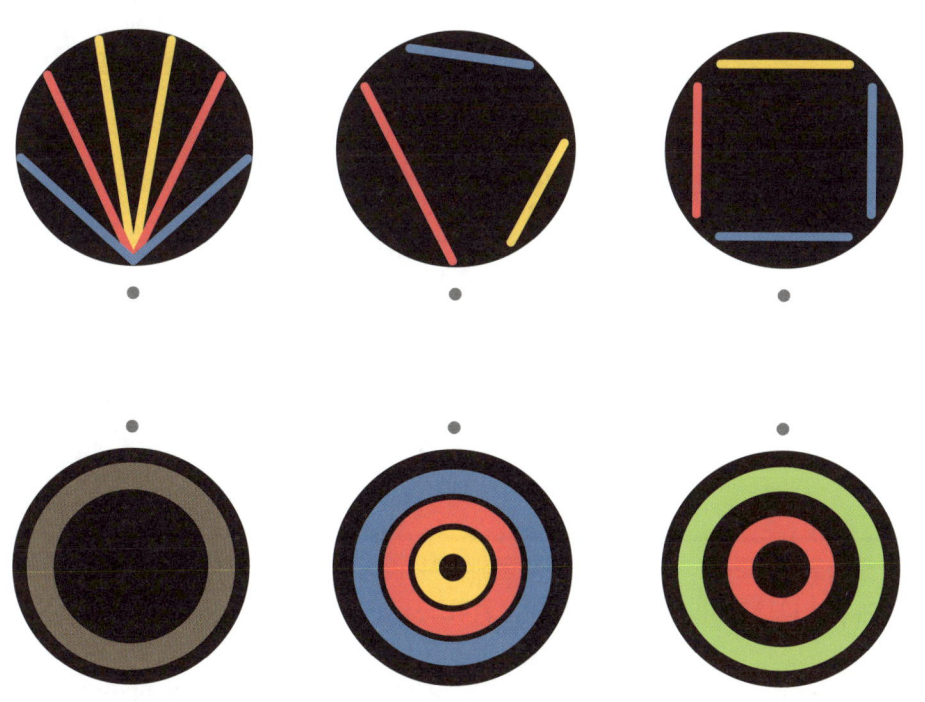

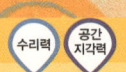

앗, 태극기 속에도 '원'이?

원의 성질을 이용해 다양한 무늬를 만들 수 있어. 사실, 우리나라의 국기인 태극기도 원으로 그릴 수 있지. 어떻게 만드는지 살펴볼까?

글 박건희 기자(wissen@donga.com) 디자인 오진희 일러스트 최현주 참고 행정안전부 '태극기 그리는 법'
#도형 #원 #지름 #태극기

깨알 상식!

태극기 속 도형의 뜻은?

흰색 바탕 가운데에 그려진 태극 문양은 '조화로움'을 상징해요. 태극 문양을 중심으로 그려진 네 개의 검정색 패는 건, 곤, 감, 리라고 불러요. 각각 하늘, 땅, 물, 불을 의미하지요.

컴퍼스를 이용해 원 그리는 법

1 원의 중심을 정하고, 그 위치에 점 하나를 찍어요.

2 자를 이용해 반지름의 길이만큼 컴퍼스를 벌려요. 원의 중심에 꽂은 침이 움직이지 않도록 잘 고정해요.

3 원의 중심에 컴퍼스 침을 고정한 채로, 반지름의 길이가 변하지 않게 유의하며 컴퍼스를 한 바퀴 돌려요.

태극기 그리는 법

1
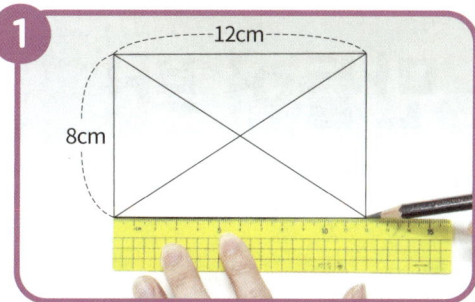
종이 위에 연필로 가로 12cm, 세로 8cm인 직사각형을 그리고, 대각선 두 개를 그려요.

2

대각선이 만나는 점을 원의 중심으로 하고, 반지름이 2cm인 원을 그려요.

3
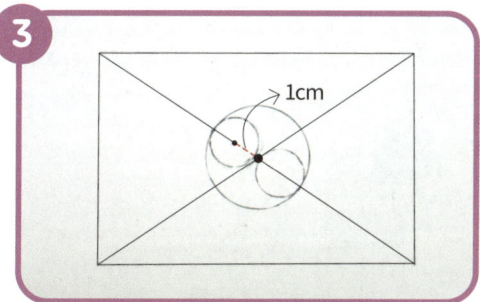
원의 반지름을 다시 반으로 나누는 곳, 즉 원의 중심에서 1cm 떨어진 지점을 원의 중심으로 하는 작은 원을 두 개 그려요.

4

왼쪽 원의 아랫부분 곡선, 오른쪽 원의 윗부분 곡선만 남기고 지우면 태극 문양 완성! ❶에서 그린 대각선도 지우개로 지워요.

5
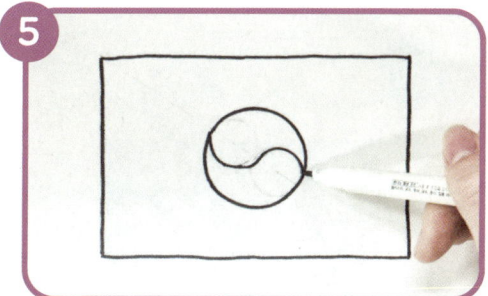
검은색 네임펜이나 싸인펜으로 태극 문양과 직사각형의 테두리를 덧대어 그려요.

6

태극 문양 주변에 약 1cm의 공간을 남기고 건, 곤, 감, 리를 그린 뒤 색을 칠하면 태극기 완성!

나의 놀이북 활동을 사진으로 찍어 '**플레이콘**'에 올려 주세요. 추첨을 통해 선물을 드려요!

놀이북 23쪽과 함께 보세요!

출동, 슈퍼M 수학 궁금증 해결!
꿀떡꿀떡! 나만의 캔을 만들어 봐!

글 장경아 객원기자 진행 최송이 기자(song1114@donga.com) 디자인 오진희 일러스트 김태형 사진 GIB
#슈퍼M #생활수학 #원기둥 #전개도

미션 1
원기둥을 펼치면 어떤 모양이 될까?
입체도형을 펼친 그림을 '전개도'라고 해요. 다음 중 원기둥이 되는 전개도는 무엇일까요?

①

②

③

④

원기둥을 펼치면 옆면은 직사각형 모양, 두 밑면은 원 모양이에요. 두 밑면은 크기와 모양이 같아야 하지요.

미션 2 — 나만의 음료수 캔을 만들어 봐!

놀이북 23쪽 도안을 활용해 원기둥 모양 음료수 캔을 직접 만들어 보세요.
원기둥을 관찰하고, 나만의 음료수 캔으로 꾸며서 완성해 보세요!

1

놀이북 23쪽 도안을 실선을 따라 잘라요.

2
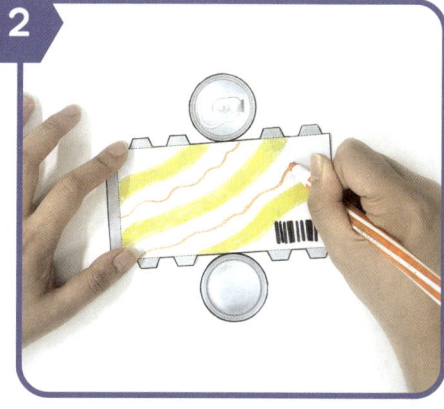
내가 원하는 음료수 캔이 되도록 원기둥의 옆면인 직사각형 부분을 꾸며요.

3

점선을 따라 접고, 풀칠해서 원기둥 모양으로 만들어요.

4

내가 만든 캔의 밑면의 지름과 원기둥 높이는 얼마인지 확인해서 아래에 적어 보세요.

밑면의 지름		cm
원기둥의 높이		cm

놀이북 활동 결과를 '플레이콘'에 올려 주세요. 추첨을 통해 선물을 드려요!

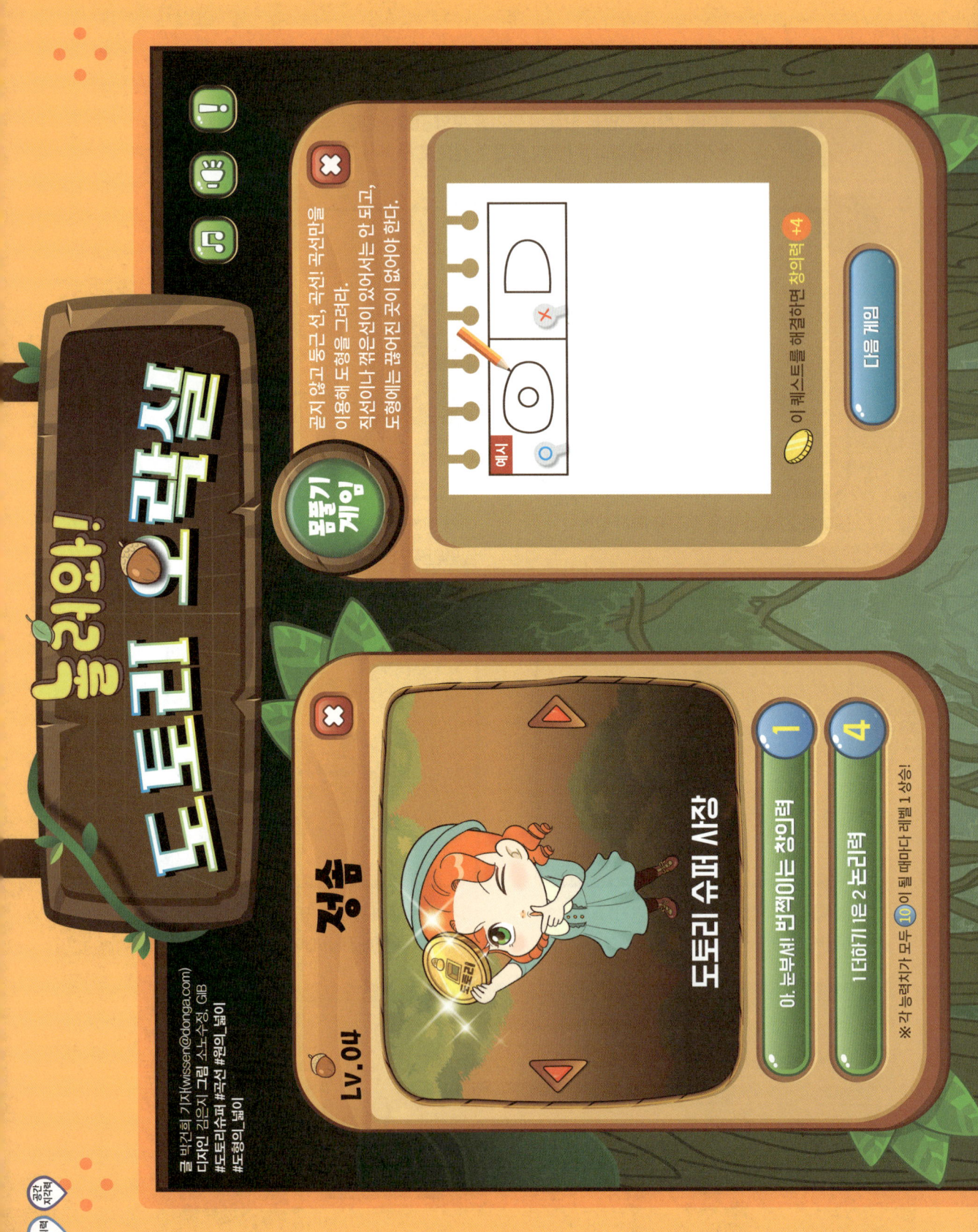

가장 큰 피자를 먹고 싶어!

바쁜 오전 영업이 끝나고 드디어 찾아온 달콤한 점심시간! 도토리 삼총사는 맛있는 피자를 주문하기로 했다. 피자집의 메뉴를 보니 세 가지 모양에서 하나를 선택할 수 있다. 그때, 민구가 말했다.
"이왕이면 가장 큰 피자를 먹는 게 이득이지! 사각형, 삼각형, 원 모양 중 넓이가 가장 큰 피자는 뭘까?"

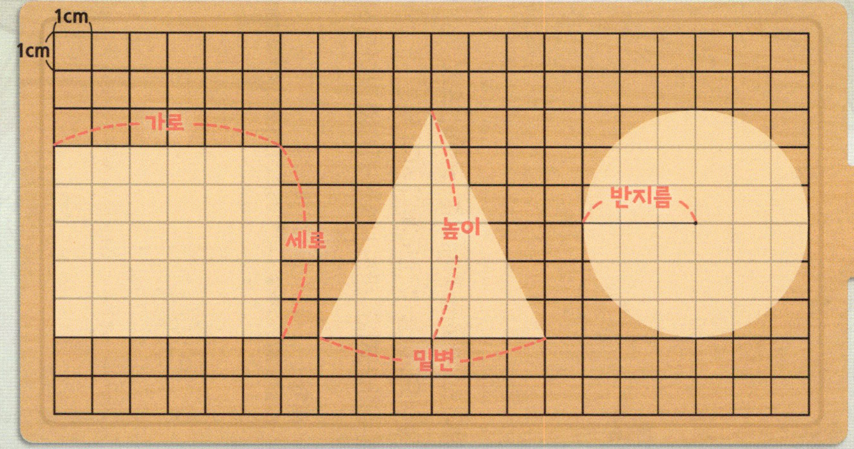

사각형의 넓이는 가로의 길이×세로의 길이로 구해. 모눈종이의 칸을 세어보면 각 변의 길이를 알 수 있어.

삼각형의 넓이는 어떻게 구하더라? 참, 밑변×높이×$\frac{1}{2}$이지!

원의 넓이는 반지름×반지름×3.14로 구해~! 반지름의 길이를 알면 된 되겠지? 계산기를 이용해도 좋아.

이 퀘스트를 해결하면
논리력 +6

톡톡! 레이군!

내 게임 결과를
홀페이<del>지</del>에 놓아다-
어린이수학동아
게시판에 공유해 줘!

말랑말랑 두뇌 퍼즐

두뇌의 다양한 영역을 개발하고 사고력을 키우는 데 퍼즐이 매우 유용해요. 논리력과 수리력, 공간지각력, 관찰력을 키우는 퍼즐을 통해 두뇌를 자극해 보세요!

글 조현영 기자(4everyoung@donga.com)
이미지 shutterstock
퍼즐 한국창의퍼즐협회
#온도계_스도쿠 #블랙아웃 #심플루프 #보석_찾기

논리 퍼즐

온도계 스도쿠

각 칸에 1부터 4까지 숫자 중 하나를 적어요. 가로줄과 세로줄, 굵은 선으로 구분한 공간에 같은 숫자가 반복되지 않아요. 하늘색 온도계의 시작 부분(동그란 부분)부터 끝부분으로 갈수록 수가 커져요. 반드시 1씩 커지지 않아도 돼요.

예시

4			

예시 정답

4	2	1	3
1	3	4	2
2	1	3	4
3	4	2	1

문제

			2
		3	

※한국창의퍼즐협회는 세계퍼즐연맹의 한국 운영기관으로, 퍼즐을 놀이이자 교육, 여가활동으로 널리 알리고자 설립한 단체입니다.

주어진 식에서 한 칸만 검은색으로 칠해서 없애면 올바른 식이 됩니다.
한 칸을 지워보세요.

예시

예시 정답

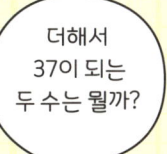

문제

더해서 37이 되는 두 수는 뭘까?

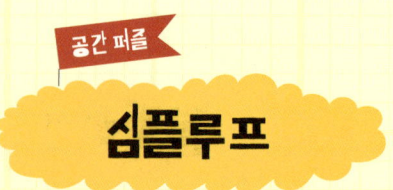

공간 퍼즐
심플루프

빈칸을 모두 한 번씩 지나가는 고리 모양의 선을 그립니다.
이때 선이 서로 교차하거나 겹쳐서는 안 돼요.

예시

예시 정답

문제

모든 칸을 반드시 한 번씩 지나야 해! 두 번은 지나면 안 돼.

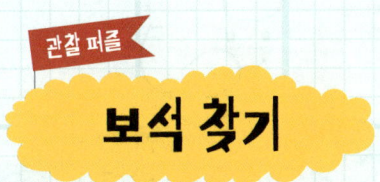

보석 찾기

보석이 숨어 있는 칸을 찾아 보석을 그려 넣으세요.
각 숫자는 그 숫자를 둘러싼 칸(최대 8칸) 중 보석이 있는 칸의 개수예요.

예시(보석 5개)

	0	2	
0			
1			
	1	2	

예시 정답

	0	2	💎
0			💎
1			💎
💎	1	2	💎

문제(보석 5개)

		1	2	
0				💎
1		4		3
1				2
	1	2	1	

작은 수가 적힌 칸 주변을 먼저 확인해 봐!

어수동네 놀이터

담당 조현영 기자
(4everyoung@donga.com)

'플레이콘'에 놀러오세요!
놀이터-어린이수학동아 게시판에 나의 놀이북 활동을 자랑해요. 추첨을 통해 독자 여러분께 선물을 드립니다!
<어수동> 속 재미있는 퀴즈와 게임의 정답도 플레이콘에서 확인할 수 있어요.

오늘의 챔피언
빈서준
(jcbin21)

M 체스 마스터 카드를 만들었습니다. 공격과 수비를 계산하는 전략가, 철저히 보호하는 수비수 카드입니다!

미션 장면 뒤에 어떤 일이 벌어질지 자유롭게 그려주세요!

그림 미션

바로바로, 솔잎초 학생들이다!

후후

우왓~!

폭스마켓, 솔잎초 학생들에게 어떤 물건을 팔려고?!

어디선가(?) 나타난 수~! 정은지(yebboon2)

소율 작가의 멋진 그라데이션! 정성껏 마음 담아 색칠했습니다.
권은미(petal0624)

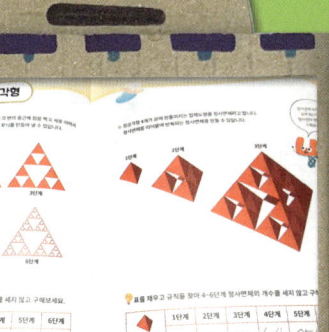

보민입니다. 이번 호를 보자마자 이 삼각형부터 신나게 계산했어요!
남예린(miraynne)

삼각형 배우들 귀여워요! 이서연(semihs)

도전! M 체스 마스터

M 체스 세계에선 전투가 한창이에요. 체스는 암산 능력, 수치 해석 능력, 상황 판단 능력 등 전략적 사고력을 키우는 데 도움이 되지요. M 체스 세계의 전략 문제를 풀고, M 체스 마스터로 거듭나 봐요!

8×8 체스 경기장

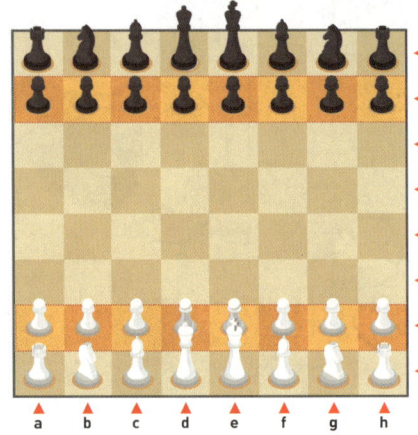

체스판의 세로줄인 '파일'은 왼쪽부터 순서대로 a, b, c, d, …h로 읽고 가로줄인 '랭크'는 맨 아랫줄부터 순서대로 1~8의 숫자를 붙여요. 기물 위치는 파일의 알파벳과 랭크의 숫자 조합으로 표시하지요. 체스가 시작될 때 흰색 퀸은 d1에, 검은색 킹은 e8에 있지요.

처음에는 앞으로 1칸 또는 2칸 이동하고, 그 이후에는 앞으로 1칸씩만 이동함. 공격할 때는 대각선 앞에 놓인 상대편 기물만 공격할 수 있음.

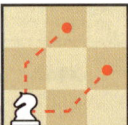
앞뒤나 양옆 중 한 방향으로 한 칸 움직인 다음, 그 방향의 대각선 왼쪽 또는 오른쪽으로 한 칸 더 움직임. 다른 기물을 뛰어넘을 수 있음.

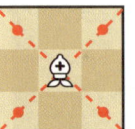
대각선 방향으로 원하는 만큼 움직임.

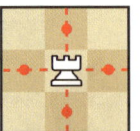
앞뒤와 양옆 직선 방향으로 원하는 만큼 움직임.

앞뒤, 양옆 직선 방향과 대각선 방향 어디로든 원하는 만큼 움직임.

체스판에서 끝까지 지켜야 하는 왕. 앞뒤, 양옆 직선 방향과 대각선 방향으로 한 칸씩만 움직일 수 있음. 킹이 공격받는 상황에서 더이상 피할 수 없게 되면 게임이 끝남.

 폰 1점

나이트 3점

 비숍 3점

 룩 5점

 퀸 9점

 킹 무한대

체스 기물의 가치 점수

작지만 강하다!
폰, 앙파상

폰은 앞으로 한 칸씩만 움직일 수 있어요. 단, 처음 움직일 때는 앞으로 1칸 또는 2칸 전진할 수 있지요. 폰이 상대방 기물을 공격할 때는 앞에 있는 기물이 아닌 대각선에 있는 기물만 잡을 수 있고요. 그런데, '앙파상'이라는 규칙을 사용하면 상대방 기물이 없는 칸으로 이동하면서 기물도 잡을 수 있답니다.

글 최송이 기자(song1114@donga.com) **콘텐츠** 박인찬 유소년 체스 국가대표 **디자인** 김은지 **일러스트** 이민형
#체스 #기물 #폰 #앙파상

박인찬
유소년 체스 국가대표

2022년 전국 유소년 체스 선수권 대회 U14 부문(만 14세 이하 남자)에서 1위를 했어요. 2023년에는 전국 유소년 체스 선수권 대회에서 전체 1위로 우리나라의 유소년 국가대표로 선정됐어요.

지나간 자리도 조심 또 조심!

b2의 흰색 폰은 b3이나 b4 중 하나로 이동할 수 있고, 대각선 앞에 상대 팀의 기물이 있다면 공격할 수 있어요.

앙파상은 우리 팀 폰이 5번째 줄에 있고, 상대 팀 폰이 두 칸 전진한 뒤 바로 다음 차례에만 쓸 수 있어요. 그림에서 흰색 폰이 e5에 있고, f7의 검은색 폰이 앞으로 2칸 움직여서 흰색 폰의 바로 옆에 왔기 때문에 앙파상으로 공격할 수 있지요. 이때 흰색 폰은 대각선인 f6으로 이동해요. 단, 상대 팀 폰이 두 칸 이동한 바로 다음에 앙파상을 하지 않는다면, 앙파상의 기회는 사라져요.

도전! M 체스 마스터 전략 퀴즈

검은색 기물의 차례예요. 표시된 폰이 공격할 수 있는 기물은 무엇일까요?

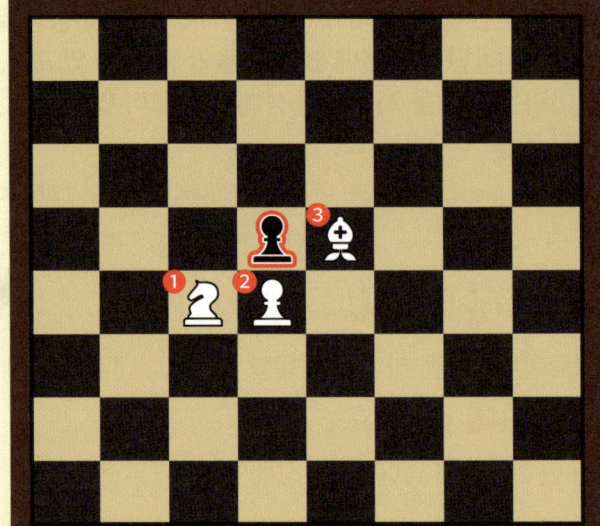

대각선을 공격하라!

표시된 검은색 폰이 a7에서 a5로 움직였고, 이제 흰색 기물의 차례예요. 이번에 앙파상을 하려면 어떤 폰을 움직여야 할까요?

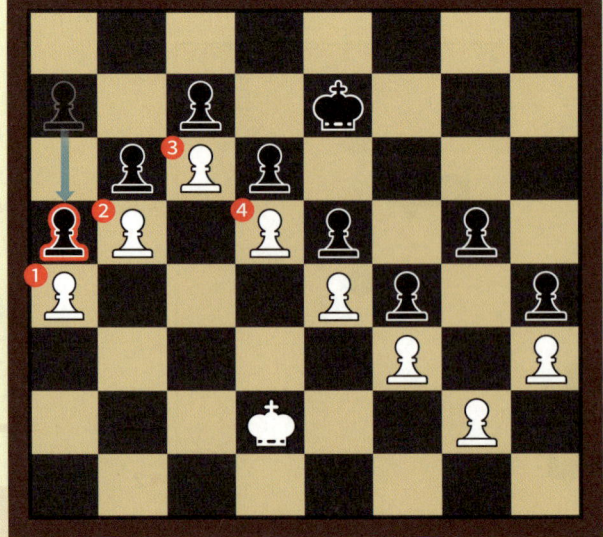

지나가는 틈을 타 공격!

21~22쪽에서 나만의 마스터 카드를 완성해 봐!

폰의 규칙 마스터 카드

M 체스 마스터가 되려면 노력과 인내의 시간을 거쳐야 하지. 폰의 행마법과 앙파상을 배운 너희에게 M 체스 마스터 카드를 줄게. 앞으로도 체스 전략을 익히고 카드를 열심히 모으면 M 체스 마스터가 될 수 있을 거야. 오른쪽 카드에는 너희가 생각하는 '전진 공격하는 폰'과 '빈틈을 노리는 폰'의 모습을 자유롭게 그리고 특징을 적어줘!

#체스 #행마법 #말 #기물 #폰

전진 공격하는 폰
공격력 ★★★
상대방 기물을 공격할 때는 대각선으로 한 칸 움직여요.

특징:

빈틈을 노리는 폰
침투력 ★★★★★
상대 폰이 방심하며 지나가는 순간 공격해요.

특징:

김사랑 국가대표가 알려주는 **체스 비법**

오른쪽 카드엔 항저우 아시안게임 체스 종목 최연소 국가대표인 김사랑 선수가 알려주는 체스 전략이 담겨있어. 왼쪽 카드에는 너희만의 체스 전략을 써 줘. 나만의 M 체스 마스터 카드를 완성해서 '플레이콘'의 놀이터-어린이수학동아 게시판에 올리면 추첨을 통해 선물도 준대!

전진 공격하는 폰

나만의 체스 전략을 만들어 보세요!

전진 공격하는 폰

전략 1 e2의 흰색 폰은 시작 위치에 있으므로 앞으로 1칸 또는 2칸 움직일 수 있어요. a3의 흰색 폰은 이미 1칸 움직인 상태여서 이제는 1칸씩만 움직일 수 있어요. h6의 흰색 폰은 바로 앞에서 검은색 폰이 막고 있고, 대각선으로는 잡을 수 있는 기물이 없어서 움직일 수 없는 상태예요.

빈틈을 노리는 폰

나만의 체스 전략을 만들어 보세요!

빈틈을 노리는 폰

전략 2 d7에 있던 검은색 폰은 e5의 흰색 폰이 d6를 공격하고 있다고 생각하고 두 칸 이동했어요. 하지만 흰색 폰은 '앙파상' 기술로 d6로 이동하며 검은색 폰을 잡을 수 있지요. 앙파상은 '통과 중인' 검은색 폰을 잡는 규칙이에요. 단, 이번 차례에 e5의 폰 대신 g2의 폰을 움직이면 그다음에는 앙파상을 할 수 없어요.

나만의 원기둥 캔 만들기

놀이북 9쪽을 참고해 나만의 음료수 캔을 만들어 보세요.

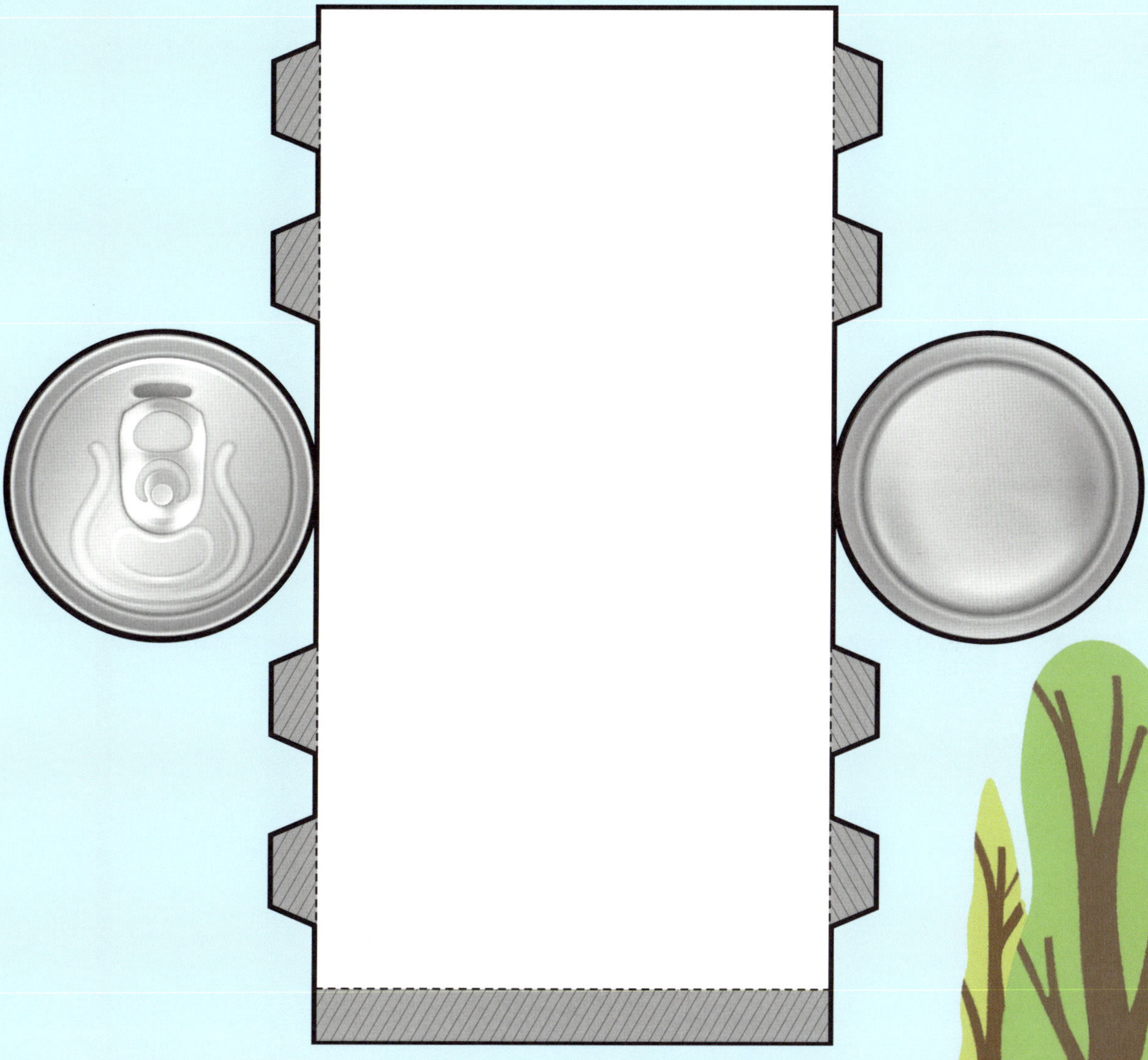

―――― 실선을 따라 오려요.
- - - - - 점선을 따라 접었다 펴요.
▨▨▨ 풀칠해요.

가위를 사용할 땐 다치지 않게 조심하세요.

MEMO

사고력 쑥쑥! 수학놀이

색 팽이를 돌려라!

아래에 있는 세 가지 도안을 이용해 팽이를 만들고, 돌렸을 때 어떤 색깔이 보이는지 관찰해 놀이북 5쪽의 답을 찾아보세요.

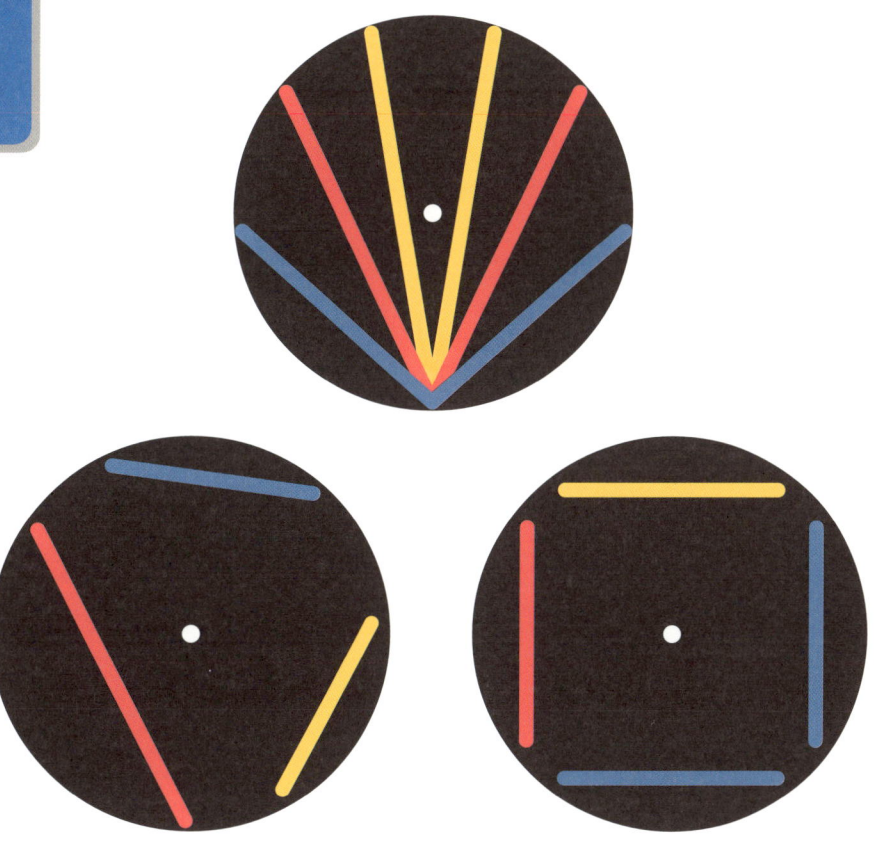

색 팽이 만드는 법

준비물 : 도안, 가위, 핀, 요리용 나무 꼬챙이(산적꽂이), 목공 본드

❶ 세 개의 원 모양 도안을 잘라내요.

❷ 핀으로 원의 중심에 구멍을 내요. 손을 다치지 않도록 조심하세요!

❸ 구멍 낸 곳에 5~7cm 길이로 자른 나무 꼬챙이를 통과시킨 다음 목공 본드로 고정시켜요. 도안이 꼬챙이의 아래쪽에 위치해야 잘 돌아가요.

※ 휴대용 선풍기의 날개 가운데 부분에 도안을 붙이면 빠르게 돌아가서 색깔을 더 선명하게 볼 수 있어요.

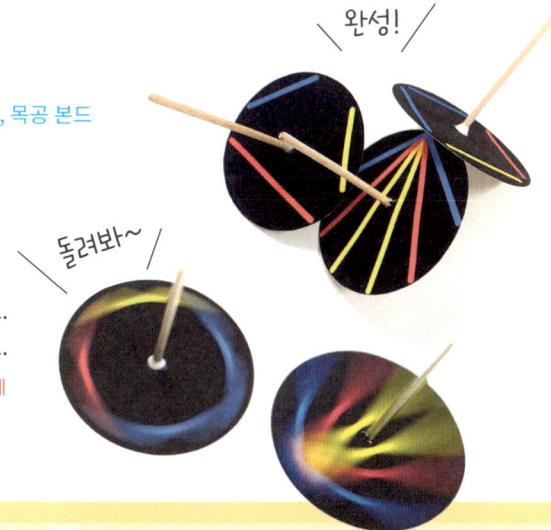

완성!

돌려봐~

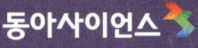

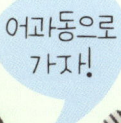

어린이
수학동아

2023년 5월 15일 초판 1쇄 발행

지은이 어린이수학동아 편집부
펴낸이 장경애
본부장 고선아

편집 최은혜, 최송이, 박건희, 조현영, 최은솔
디자인 오진희, 김은지
마케팅 이성우, 홍은선, 유유석, 전창현, 이고은

일러스트 동아사이언스, 무르무르, 밤곰, 최현주, 냠냠OK, 김태형, 이민형
사진 게티이미지뱅크(GIB), 위키미디어(W)
인쇄 북토리

펴낸곳 동아사이언스
출판등록 제2013-000081호
주소 (04370) 서울특별시 용산구 청파로 109 7층
전화 (02)6749-2002
홈페이지 www.dongascience.com
　　　　　www.popcornplanet.co.kr

이 책에 실린 글의 저작권은 어린이수학동아 및 저자에게 있습니다.
무단전재와 무단복제를 금합니다.

ⓒ동아사이언스